佐治敬三　"百面相"

大阪が生んだ稀代の経営者

大阪大学総合学術博物館叢書 ◆ 17

松永 和浩 著

はじめに

　戦後日本の経済発展を牽引した経営者のひとりである佐治敬三（1919-1999）は、2019年からちょうど100年前の大正8年に大阪で誕生した。父・鳥井信治郎が創業した寿屋（現・サントリー）を継承し、ウイスキーブームやワインブームを巻き起こし、戦後の日本人の生活文化を創造してきた。学術・文化にも造詣が深く、研究所・財団の設立や美術館・音楽ホールの開設など、幅広い社会貢献活動で利益を還元した。その背景の一つに、彼が大阪帝国大学（現・大阪大学）理学部で学び、化学者になることを夢みていたことがある。

　大阪大学総合学術博物館では生誕100周年を記念し、佐治敬三が見せた多彩な「顔」を様々な資料から紹介する、第13回特別展を開催した。

• 「サントリー第2代社長・佐治敬三生誕100周年記念展　大阪が生んだ稀代の経営者　佐治敬三"百面相"」

　会期：2019年10月25日～12月26日

　主催：大阪大学共創機構社学共創本部／総合学術博物館／適塾記念センター

　共催：大阪大学大学院理学研究科化学専攻

　協力：尚醸会、大阪大学21世紀懐徳堂

　特別協力：サントリーホールディングス

　ミュージアム・レクチャー

　　　①11月2日　深瀬浩一氏（大阪大学大学院理学研究科教授）「佐治敬三と有機化学」

　　　②11月16日　大政健史氏（大阪大学大学院工学研究科教授）・金子嘉信氏（同特任研究員）

　　　　　　　　「大阪大学の醸造学・発酵工学研究とサントリー～ビール酵母の神泡的お話～」

　　　③12月14日　松永「ジャパニーズ・ウイスキーのレジェンド $\frac{3}{4}$ 」

　スペシャルトーク＋ワークショップ

　　　トーク：①11月14日　伊木稔氏（元サントリー文化財団専務理事）「佐治敬三の企業家精神」

　　　　　　　②12月5日　柳謙三氏（元サントリー生命科学財団理事長）「佐治敬三と"ものづくり"」

　　　ワークショップ：ビールセミナー・試飲会（サントリーパブリシティサービス）

　　　会場：①大阪大学会館アセンブリーホール、②大阪大学中之島センター佐治敬三メモリアルホール

　本展覧会ではサントリーはじめ、敬三が関与した財界・広告業界の団体や、サントリー商品を長年扱った小売店の岡本屋、サントリーバー露口等が所蔵する貴重な資料を展示した。本書は、本展覧会の図録であると同時に、図版豊富な佐治敬三の略伝となっている。収録したコラムは一本を除き、ミュージアム・レクチャーの内容を要約したものである。

　本書では、敬三の持つ多彩な"顔"に焦点を当てている。敬三自身をウイスキーと例えるなら、様々な"顔"が一樽ごとに性質や熟成期間を異にする原酒といえる。このウイスキーは、経営者やブレンダーといった父から引き継ぎ熟成度を増した原酒もあれば、ビール事業家に美術館・音楽ホール館長に国際人といった比較的若いが多種多様な個性的原酒もある。これらが敬三という一人格のなかで、見事に調和していたのである。もし本書が描く敬三の人物像が調和を欠き、バランスを失っているとすれば、ひとえにブレンダーたる筆者の力不足によるものとご諒解いただきたい。

　才気煥発、八面六臂、「やってみなはれ」の精神で常にチャレンジを続けてきた敬三の生き様を振り返ることで、地盤沈下が叫ばれて久しい大阪経済に少しでも活気を取り戻すことができれば幸いである。

大阪大学共創機構社学共創本部

松永和浩

目　次

はじめに …………………………………………………………………………… 1

序　章　父・鳥井信治郎と寿屋 ……………………………………………… 3
コラム1　ジャパニーズ・ウイスキーのレジェンド $\frac{3}{4}$ ……………… 10

第1章　北摂を駆け、中之島で学ぶ少年
1　ゴンタ・佐治敬三 ………………………………………………………… 12
　　コラム2　池附と雲雀丘学園 ………………………………………… 15
2　浪高生・佐治敬三 ………………………………………………………… 16
3　阪大生・佐治敬三 ………………………………………………………… 19
4　海軍技術士官・佐治敬三 ………………………………………………… 22
　　コラム3　佐治敬三と有機化学 ……………………………………… 24

第2章　市場に挑み、流行を生む経営者
1　啓蒙家・佐治敬三 ………………………………………………………… 26
2　宣伝マン・佐治敬三 ……………………………………………………… 29
3　ブレンダー・佐治敬三 …………………………………………………… 37
4　挑戦者・佐治敬三 ………………………………………………………… 42
5　騎士・佐治敬三 …………………………………………………………… 49
6　財界人・佐治敬三 ………………………………………………………… 52

第3章　学術・研究になずみ、文化・芸術を愛でる教養人
1　研究所長・佐治敬三 ……………………………………………………… 60
2　美術館長・佐治敬三 ……………………………………………………… 63
3　音楽ホール館長・佐治敬三 ……………………………………………… 66
4　文化財団理事長・佐治敬三 ……………………………………………… 70
5　大旦那・佐治敬三 ………………………………………………………… 72
　　コラム4　大阪大学の醸造学・発酵工学研究とサントリー
　　　　　　　〜ビール酵母の神泡的お話〜 ………………………… 78

終　章　夢、大きく膨らませてみなはれ！ ……………………………… 79

佐治敬三略年譜 ……………………………………………………………… 86

主要参考文献 ………………………………………………………………… 90

あとがき ……………………………………………………………………… 92

序章

父・鳥井信治郎と寿屋

鳥井信治郎肖像（サントリー提供）

「やってみなはれ」の系譜

佐治敬三の伝記を書こうとすれば、父・鳥井信治郎と、彼が創業した寿屋が何たるかを語ることは、避けて通れない。敬三の人生にとって、それだけ重要な前提条件となっている。

一般的に二代目とは、初代の偉大な業績を食いつぶすこともしばしばで、それを維持し次代につなげるだけで及第点が与えられることが多い。しかし敬三は初代の精神を引き継ぎ、常に果敢な挑戦を続けて拡大を遂げた、二代目としては非常に稀有な存在である。

生い立ちと両親のことから筆を起こすことは伝記の常ではあるが、如上の事情から、まずは信治郎および寿屋について少なからぬ紙幅を割くこととする。これから紹介する信治郎と寿屋を構成する諸要素、これらが見せる諸側面が、敬三に潜在的に継承され、消化された形で表出することになるからである。

丁稚奉公

佐治敬三の父・鳥井信治郎は明治12年（1879）、大阪市東区釣鐘町（現・中央区）の両替商・鳥井忠兵衛とこまの間の、男二人・女二人の末っ子として誕生した。同20年に大阪市立北大江小学校に入学し、翌年に四年制の高等小学校に入り、2年間の在籍を経て大阪商業学校（現・大阪市立大学）で2年間学んだ。

明治25年に、13歳で道修町（大阪市中央区）の小西儀助商店へ3年間の丁稚奉公に出た。ここで信治郎は早くも商才を発揮し、周囲の商家からは引く手あまたとなったらしい。しかし、より重要なのは、信治郎が後の成功につながる技術をここで身に付けたことである。

道修町は近世以来、薬種問屋が軒を連ね、薬種仲買仲間が日本に輸入される漢方薬の品質管理と価格設定を一手に担った「くすりのまち」として知られる。輸入業者であった薬種屋は、明治に入ると西洋の薬だけでなく、洋酒も扱った。

小西儀助商店は明治3年創業で、明治初期から洋酒製造を手がけ、同17年に「朝日麦酒」（現・「アサヒビール」）を販売、同21年には大阪洋酒醸造会社を創立しビール・ブランデー・ウイスキー・アルコール・「赤門印葡萄酒」の製造販売を行った。新しいもの好きで、進取の気性に富む二代目小西儀助の下、信治郎はハイカラな雰囲気のなかで洋酒の知識や作り方、微妙な味と香りをきき分ける舌と鼻を養い、後の商品開発に大いに役立つこととなる。

赤玉ポートワイン

明治32年（1899）、信治郎は独立し、大阪市西区靱中通に鳥井商店を開いた。ブドウ酒の製造販売を中心に、輸入缶詰類を販売した。当時、日本で販売されたブドウ酒とは、ワインに香料や甘味料を加えて日本人の味覚に合わせた混成洋酒であった。信治郎は神戸のスペイン人貿易商セレースと知り合い、スペイン産ワインを味わったことから、本場の味わいに近づけつつ日本人の口に合う混成ワインの開発に没頭した。明治39年、「向獅子印甘味葡萄酒」の開発に成功し、主力商品となった。この頃、知人の西川定義と共同経営を開始し、屋号を「寿屋洋酒店」と改めている。

さらにその後、研究を重ねて生み出された大ヒット商品が、明治40年4月発売の「赤玉ポートワイン」（現・「赤玉スイートワイン」）である。「赤玉」とは太陽を意味し、日の丸とポルトガルのポートワインを組み合わせたネーミングは斬新であった。当時のトップシェア商品は、「電気ブラン」（1882年発売）や神谷バー（1912年、浅草に開業した日本で最初のバー）等で日本の洋酒普及を牽引した神谷傳兵衛の「蜂印香竄葡萄酒」（現・「ハチブドー酒」。「香竄」は傳兵衛の父・兵助の雅号）であったから、「赤玉ポートワイン」がいかに斬新であったかが諒解されよう。ネーミングや本格的な味わいに加え、後述する販売戦略も手伝って「赤玉ポートワイン」は大ヒットし、「蜂印」の牙城を崩すに至った。

その間、生産体制も整えられていった。大正元年（1912）に店舗を大阪市東区住吉町（現・中央区）に移転し、戦災で焼失するまで本店として機能した。

序章 | 父・鳥井信治郎と寿屋

大正時代の「赤玉ポートワイン」ボトル
(サントリー提供)

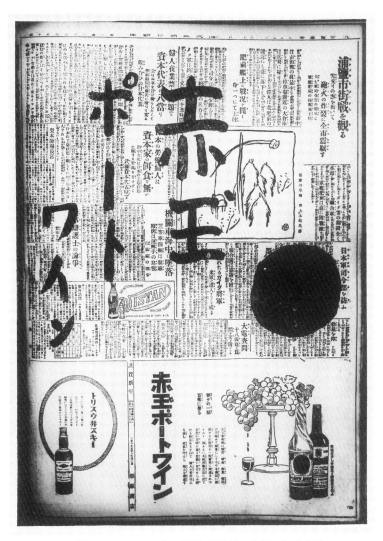

話題になった「赤玉ポートワイン」の新聞一頁広告　大正9年（1920）
(サントリー提供)

同3年には合資会社に改組し、瓶詰工場を建設、同8年には築港工場（のちの大阪工場）を建設して本格的な量産体制が整備された。

日本初のヌードポスター

信治郎はいち早く広告の意義と効果に着目し、積極的に活用した先覚者であった。初の新聞広告は明治40年（1907）8月、大阪朝日新聞に掲載されたが、当時はブドウ酒の商いにわざわざ新聞広告を出すことは考えにくく、揶揄されもした。同42年7月には「赤玉」最初の新聞広告を出し、「薬用葡萄酒」として医学・薬学博士の推薦文を添えた。薬効に対する専門家の意見や科学的な根拠を紹介するもので、客観性はともかく品質の高さを訴えようとする工夫の跡がみえる。

宣伝の人材確保にも積極的で、大阪時事新聞社で図案を描いていた井上木它、森永製菓の宣伝部長でコピーライターの片岡敏郎を引き抜き、宣伝部に据えた。片岡は「天は二物を与えず、われにミルクキャラメルあり」等のコピーで有名で、月給150円を300円にして迎え入れた。片岡が手がけた大正9年（1920）の新聞一面広告は、新聞紙面に子供のいたずら書きのような稚拙な文字で「赤玉ポートワイン」と書かれたもので、大きな反響を呼んだ。

大正11年には、箕面有馬電気軌道（現・阪急電鉄）

日本初のヌードポスター　大正11年（1921）（サントリー提供）

の宝塚唱歌隊（現・宝塚歌劇団）を参考にオペラ団赤玉楽劇座を結成し、販売店主や愛飲家を招待したり、一般向けにも興行しながら全国を巡業した。そして楽劇座の女優・松島栄美子をモデルに、上半身裸のポスターが制作された。大正11年のことで、初のヌードポスターとして、日本の広告史上に歴史を刻んでいる。ただし注目すべきは、信治郎がグラスの赤の色にこだわった点である。信治郎が印刷業者に何度も刷り直しを命じたことにより、印刷技術は引き上げられていった。

　信治郎は販売方法にも様々な工夫を凝らした。大正元年に大手問屋・祭原商店との取引で関西の販路を確保し、まもなく国分商店など有力問屋4店と特約店契約を交わして関東にも進出した。小売店には報奨金制度として、「赤玉」2ダースを購入した店舗に、赤玉模様が入った箱火鉢や煙草盆をつけた。

寿屋広告部（サントリー提供）

6

大正末年には小売店が函のなかの葉書を会社に送ると払戻金が支払われる「開函通知」を添付し、この制度は「買入通知」と名を変え戦後も続けられた。

国産初のウイスキー

ブドウ酒の次に信治郎が手がけたのが、本格モルトウイスキーであった。そのきっかけは大正8年（1919）、ブドウ酒の樽に詰めておいたリキュール用アルコールの存在を思い出し、飲んでみたところ、コクのあるまろやかな味わいに変わっていたという偶然にあった。これを「トリスウイスキー」として販売すると、瞬く間に売り切れた。信治郎は人智を超えた熟成の神秘に魅せられたのである。

これ以前、寿屋は「ヘルメス」というウイスキーを明治44年（1911）に発売していた。しかしこれはアルコールに香料・着色料を加えたイミテーション・ウイスキーで、当時の日本で製造されていたのは押し並べてイミテーションであった。本格モルトウイスキーの製法は、麦芽を糖化・発酵させた醪（もろみ）を蒸留し、複数年貯蔵した原酒を様々にブレンドして製品化するものである。

日本で本格モルトウイスキーを製造するとなると、様々な障壁が待ち構えていた。まず貯蔵年数の異なる原酒（イギリスの法律では最低3年）を用意せねばならず、仕込みだけで最低5年はかかり、その間は資金を回収できないため相当の体力を必要とする。貯蔵期間中は、「天使の分け前」と呼ばれる年間約3％の原酒が蒸発によって失われる。しかも日本の税制は日本酒を基準とする造石税（原酒を製造した年に、製造量に対して賦課する方式）であったため、「天使の分け前」にも課税される仕組みであった。そしてそもそも西洋至上主義の風潮のなかで、日本製のウイスキーが果たして売れるのか、大いに疑問とされた。

信治郎のウイスキー事業計画は社内はおろか、東洋製罐の高碕達之助やイカリソースの木村幸次郎等の財界人からも批判的な意見が寄せられた。しかし「赤玉ポートワイン」が好調な今こそがチャンスと、周囲の反対を押し切って事業に乗り出した。大正10

国産第一号ウイスキー「白札」発売を記念して　昭和4年（1929）
（サントリー提供）

年12月には、資本金100万円で株式会社寿屋を設立した。蒸留技師にはイギリスからムーア博士の招聘を計画したが、スコットランドで製法を学んだ日本人初の技師・竹鶴政孝（ニッカウヰスキー創業者）を紹介され、ムーア博士に用意した年俸4千円の待遇で迎え入れた。工場用地は、大阪・京都に近いという交通の便、千利休が茶室「待庵」を営んだ名水の地、木津川・宇治川・桂川が合流する湿潤な気候という条件から、山崎（大阪府島本町）に求めた。工場長の竹鶴に施設・設備の設計を任せ、大正13年11月に山崎工場（現・山崎蒸溜所）が竣工した。こうして日本で最初のウイスキー原酒が蒸留された。

しかし山崎蒸溜所は当面は仕込みに追われ、一向に製品は出荷されない。これをいぶかしんだ周辺住民は、工場には麦を喰らう「ウスケ」という化け物が棲んでいると噂したという。昭和4年（1929）、ようやく商品が出荷された。国産初の本格モルトウイスキー「サントリーウイスキー白札」である。「サ

ントリー」の名称は、ここに初めて誕生したのである。「サン」は太陽つまりウイスキー事業の資本を賄った「赤玉」のことで、「トリー」は鳥井を指していた。だが「白札」は「焦げくさい」「煙くさい」と散々の評価で、全くといっていいほど売れなかった。スコッチ・タイプの製法では麦芽を乾燥させる際にピート（泥炭）を焚くのであるが、その距離に問題があったことが後に判明している。ともかくウイスキーは大幅な赤字事業であり、昭和6年は仕込みすら行われなかった。

多角経営とビール

信治郎はウイスキー事業を何とか守り抜くため、多角経営に乗り出した。大正13年（1924）にはカレー粉「パームカレー」、レモンティー・シロップ「レチラップ」、同15年には半練り歯磨き「スモカ」、昭和3年（1928）には調味料「トリスソース」「山崎醤油」、同5年には「トリスカレー」、「トリス胡椒」、同6年には「トリス紅茶」、同7年には濃縮リンゴジュース「コーリン」といった新商品を次々と発売した。それを可能にしたのは、東京から薬学博士・岡田春吉を所長として招き、大正8年に社長直属組織として設置した試験所の存在がある。ここではブドウ酒やウイスキーの品質改良、新製品の研究開発が行われていた。

昭和3年には経営破綻した横浜の日英醸造（「カスケードビール」）を買収し、翌年に「新カスケードビール」、翌々年に「オラガビール」を発売した。当時のビール業界は、シェア約7割を誇る大日本麦酒（「アサヒ」「エビス」「サッポロ」）や麒麟麦酒（「キリン」）等で寡占市場が形成され、寿屋は価格競争で挑んだが、カルテルや製品を詰める瓶に関する法廷闘争の前に6年で撤退を余儀なくされた。それでも「オラガ」の商標は手放さず、ビール事業は悲願として敬三に託されることとなる。なお「オラガ」という名称は、首相を務めた田中義一の口癖に由来する。上記の新製品のラインナップからも窺われる通り、信治郎には製品のネーミングにも独特のセンスがあった。

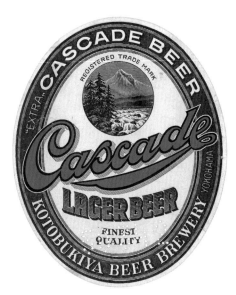

「新カスケードビール」ラベル・「オラガビール」ラベル　昭和4年（1929）・5年（ケンショク「食」資料室所蔵）

ビール事業は101万円で買収して300万円で売却、「スモカ」は3年で黒字化して売却しており、所期の目的は一定度達した。多角経営の一方で、信治郎は日本人の嗜好に合う商品開発に工場泊まり込みで没頭した。ついに昭和12年、12年ものの「サントリーウイスキー角瓶」がヒットした。翌年には大阪梅田の地下街に「サントリーバー」を開設し、同15年には「オールドサントリー黒丸」を開発した。戦時中の当時にあって、「オールド」は奢侈品制限令で市場には出ることはなかったが、寿屋のウイスキーは海軍の軍納品に指定された。これにより原料と納品先が確保されたことで、ウイスキー事業はようやく軌道に乗った。

信治郎の企業家精神

信治郎はフィランソロピー（企業による社会貢献活動）という言葉が移入される以前から、社会貢献の意識が高く、実践に努めていた。それは大阪商人の文化であり、両親から引き継いだ道徳心に発するものであった。幼年の頃、天神参りの際に母が橋の上で布施すると物乞いが大仰に礼をするのを面白がったが、母は「振り返ったらご利益がなくなる」と言って足早に立ち去った。長じてからは道端で物乞いに会うと必ず施し、感謝の声を耳に入れず逃げるように立ち去るのを常とした。「陰徳あれば陽報あり」が口癖であり、信念であった。

社報の巻頭には「私の信仰」として、「私たちは親や先祖に返し切れぬ大きな恩を借りている。それから、太陽、火、水、その他天地自然の大きな恵みを借りている」「他にも社会の人々はじめ多くの面で恵みを借りている」「そのことで私たちの生活が成り立つことは間違いない事実」「親や先祖から借りた恩、天地自然、太陽、火、水から借りた恩、その貸主を私の家では一括して仏壇に祀り」「毎日礼拝してお返ししている」と述べている。敬三の自伝『へんこつ なんこつ』では、信治郎の信心について次のように記す。鳥井家の宗旨は浄土真宗西本願寺派で、正月には朝起きると仏壇の前で正信偈を僧侶の5倍くらいのスピードで読誦し、仏前で先祖の

法名を薄く剥いだ経木の上に次から次へとしたためる。日蓮宗か最上稲荷（岡山市）からもらい受けた厨子の前で観世音菩薩普門品というかなりの長さの経文をフルスピードで読み上げる。父の信心は八宗兼学。仏間の隣室では延暦寺から譲り受けた「不滅の法灯」へのお詣り、その上に神棚への拍手があり祝い膳へと移るという。

事業家としては、利益三分主義を掲げた。利益の三分の一をそれぞれ社会、顧客・得意先、事業資金に還元するという考え方である。寄付も毎年欠かさず、全国の社寺へ寄進し、年末には全社員挙げて餅をついて配った。大正10年（1921）には、比叡山の安鎮国家法の復活を支援している。

また社会的弱者に対する救済事業にも積極的であった。大正10年に大阪市西成区海道町（あいりん地区）に今宮無料診療所を開設して無料診療と施薬を行い、戦後は戦争未亡人の母子寮とした。同12年には同大淀区豊崎（現・東淀川区）に豊崎診療院、昭和4年には此花区春日出に此花診療院を開設している。昭和8年（1933）、妻・クニの死を機にその名と社名から一字をとった社会福祉法人「邦寿会」を組織し、これまでの社会事業を一括した。戦後は戦災者や海外引揚者等の収容施設として「駒川ホーム」（大阪市東住吉区）、身寄りのない人のために「赤川ホーム」（同旭区）を開設し、その後、駒川ホームは母子寮、赤川ホームは養護老人ホームと赤川保育所となった。

社員に対する待遇も厚く、盆や歳末には祝儀のワイシャツを贈り、本社では豪華な昼食を会社から出した。株式会社化しても「社長」ではなく「大将」と呼ばせ、社員同士はクラブ活動を通じて親睦を深め、会社と社員が一体となった社風を築いていた。ちなみに採用人事では"運"も重要だとして、姓名判断やくじ引きを取り入れたのが、いかにも信治郎らしい。

コラム1

ジャパニーズ・ウイスキーの
レジェンド $\frac{3}{4}$

　2012年、イギリスのウイスキーマガジン社は通巻100号を記念して「世界のウイスキー、100人の
レジェンド」を発表した。今や世界の五大ウイスキーの産地となった日本からは、鳥井信治郎・佐治敬
三父子のほか、竹鶴政孝と岩井喜一郎の4人が選出された。彼らの足跡をたどれば、それが即、ジャパ
ニーズ・ウイスキーの歩みに重なる。

　日本で初めて本格モルトウイスキーを事業化したのが、寿屋（現・サントリー）の創業者で「赤玉ポー
トワイン」が好調だった信治郎である。蒸留技師には本場スコットランドで製法を学んで帰国したばか
りの竹鶴を10年契約で雇用した。竹鶴は日本3大アルコールメーカーの1つ摂津酒造の社員としてウ
イスキー留学に行ったが、帰国後は大戦景気の反動不況からウイスキー製造計画が頓挫し、失意のうち
に退社していたところだった。大正12年（1923）、信治郎は山崎に工場用地を買収し、竹鶴が工場長
として施設・設備の設計・整備に当たった。翌年12月、日本で初めてウイスキー原酒が蒸留され、昭
和4年（1929）に国産初のウイスキー「白札」が発売された。しかしスコッチ特有のピートの焦げ臭
さが日本人に受け入れられず、売れ行きは芳しくなかった。信治郎はウイスキーづくりの一切を竹鶴に
任せていたが、自らがブレンドに携わるようになり、昭和12年に「角瓶」がようやくヒットし、その
後の動向は本文に記した通りである。

　竹鶴は契約期間が過ぎたこともあり、退社して同9年に大日本果汁（現・ニッカウヰスキー）を北海
道余市に創業する。気候やサーモンリバーがスコットランドの蒸留所に似る余市は、竹鶴理想の地であっ
た。戦後、寿屋が洋酒ブームを牽引するなか、竹鶴は品質のよい製品が売れるとの信念を頑なに変えず、
ニッカは苦境に立っていた。そこへ朝日麦酒から経営面でのサポートを受けるようになり、寿屋・サン
トリーのライバルにまで成長していった。竹鶴はスコッチを理想としたのに対し、敬三はスコッチの亜
流ではない日本独自のジャパニーズ・ウイスキーを目指していたことも、第2章の通りである。

　岩井喜一郎は、岩井式連続蒸留機を開発した日本におけるアルコール製造の先駆者であり、明治42
年（1909）に阿部喜兵衛とともに摂津酒造（大阪市住吉区）を創業した。大正5年、同じ大阪高等工
業学校（現・大阪大学工学部）醸造科の出身ということで、竹鶴が岩井を頼って入社を志願してきた。
本格ウイスキー製造を目指していた摂津酒造は竹鶴をウイスキー留学へ送り出し、帰国後にレポート（「竹
鶴ノート」）を提出させた。「竹鶴ノート」は長らく岩井の手元にあり、娘婿の本坊蔵吉の本坊酒造が昭
和24年にウイスキー製造を始めるに当たり、顧問としてこれを指導した。本坊酒造は現在、長野県宮
田村にマルス信州蒸留所を持ち、「マルスウイスキー」を製造販売している。近年、世界的コンペティショ
ンでジャパニーズ・ウイスキーは続々と入賞している。その多くはサントリーとニッカの製品であるが、
それに次ぐのが「マルスウイスキー」なのである。

　最後に本コラムのタイトルにある「$\frac{3}{4}$」の謎解きをしておきたい。敬三を除く3人が建設した蒸留
所（山崎・余市・マルス）のポットスチル（蒸留釜）の形状はいずれも似ている。「竹鶴ノート」に基
づくためで、同書はジャパニーズ・ウイスキーのバイブルともいえる。さらに岩井を除く3人は寿屋（現・
サントリー）の関係者であり、信治郎を除く3人は大阪大学の出身者である。そして4人全員が大阪と
深く関わっている。ジャパニーズ・ウイスキーの歴史の母体は、大阪にあるといっても過言ではないだ
ろう。

第 1 章

北摂を駆け、中之島で学ぶ少年

家族写真「東久邇宮さまをお迎えして」(サントリー提供)

各章扉のイラストは柳原良平が描いた佐治敬三(廣澤昌『新しきこと面白きこと ─サントリー・佐治敬三伝』より転載)

1 ゴンタ・佐治敬三

寿屋の「大将」の中坊ン

佐治敬三は大正8年（1919）11月1日、大阪市東区住吉町（現・中央区）に誕生した。父・鳥井信治郎は洋酒の製造販売を行う寿屋を創業し、当時は「赤玉ポートワイン」のヒットで飛ぶ鳥を落とす勢いで、本格モルトウイスキー事業に乗り出そうかという状況にあった。母・クニは香川の観音寺の旧士族・小崎一昌の長女であった。敬三は自伝で両親について、父は「ダンディなハイカラ男」、およそ家庭的でなく家庭では見かけず、母は子煩悩だが教育ママではなく、「面長で目もとすずしく色白大柄な母は、和服が似合う美人」と語っている。11歳上の兄・吉太郎は利発で親孝行、弟たちの面倒見がよく、趣味のカメラやクラシック音楽は敬三に影響を与えた。信治郎は高等教育に関心があり、吉太郎には商家の跡取りには珍しく、神戸高等商業学校（現・神戸大学経済学部）に通わせ、会社では学校出の人材を多く採用した。4歳下に弟・道夫が生まれたため、敬三は使用人たちから「中坊ン」、道夫は「小坊ン」と呼ばれた。

大正10年頃、一家は池田町字満寿美（現・池田市満寿美町）へ引っ越し、道夫はここで誕生した。箕面有馬電気軌道（現・阪急電鉄）が開発した室町住宅の第2期分譲地であった。箕有電軌を創業した小林一三は、都市と郊外を結び、都市に百貨店、郊外に行楽地、沿線に住宅地を置く私鉄経営のモデルを築いた人物で、明治43年（1910）に分譲を開始した室町住宅はその濫觴であった。工業が発達した「東洋のマンチェスター」こと大阪市内は「煙のまち」とも呼ばれ、当時は公害問題が表面化してきていた。小林は経営者や中産階級に自然豊かな郊外住宅への移住を説き、鳥井一家はそれに従ったというわけで

五歳の頃。雲雀丘駅近くの「家なき幼稚園」に通う
大正13年（1924）（サントリー提供）

ある。一家は大正12年にはディベロッパーの阿部元太郎が開発した高級住宅地・雲雀丘に引っ越した。鳥井家の建築設計は住友総本店設計技師の小川安一郎で、日本座敷のほかに、スペイン風デザインの暖

敬三を含む家なき幼稚園第2回卒園生　大正15年（1926）（雲雀丘学園編『創立三十周年記念誌』より転載）

炉を備えた洋館と呼ぶ別館も設けられた。

北摂の「家なき幼稚園」

　雲雀丘に移った敬三は、日本の幼児教育史に異彩を放つ「家なき幼稚園」に通った。家なき幼稚園とは、毎日新聞初代事業部長で室町住宅在住の橋詰良一（せみ郎。1871-1934）が、イギリスのhouseless kinder gardenをヒントに大正11年（1922）に室町に開設し、同13年には宝塚・箕面・十三・大阪・雲雀丘、同14年には千里山にも設立された。せみ郎作詞・山田耕筰作曲の「家なき幼稚園の歌」に

一、天地のあいだが　おへやです
　　山と川とがお庭です
　　みんな愉快に　遊びましょう
　　大きな声で　うたいましょう
二、わたしのへやは　大きいな
　　わたしが庭は　ひぃろいな
　　町の子どもは　気のどくな
　　お籠のなかの　鳥のよう

とあるように、園舎はなく屋外の自然のなかで保育するものであった。敬三が通った雲雀丘の同園では、雲雀丘駅の西口あたりを集合場所とし、簡単な保育道具を積んだ車とともに集合場所や周辺住宅の庭を借りたり、近くの山や、時には加茂の台地まで出かけたりして保育が行われ、雨が降れば雲雀丘駅の待合室に逃げ込んで遊んだという。敬三はのちに「園長先生、橋詰先生ですね。お二方とも幼児教育の面で大変すぐれた方でした。大きな懐に抱かれる様な感じでした」と述懐している。大自然のなかでのびのび育ったせいか、敬三は相当な「ゴンタ」（大阪弁で「いたずらっ子」の意）で、同時期に在園した女性から「鳥井さんにはいじめられた」と、後々まで冷やかされた。

建石時代の池田師範学校附属小学校校舎
(大阪教育大学附属池田小学校編『わが校百年の歩み』より転載)

池田の師範学校附属小

　大正15年（1926）、敬三は池田師範学校附属小学校に入学した。同校は明治41年（1908）創立の池田師範学校の附属として、大正8年に発足し、当時は池田町建石（現・池田市建石町）に校舎があった。通学は電車で5分ばかりで、道夫が入学してからは手をつないで駅に向かった。しかし電車がちょうど入ってくると手を振り切り、線路を横切ってホームに飛び上がり、弟を置いて先に行く"やんちゃ"さは健在であった。

　学業の方はしばしば廊下に立たされた記憶があり、1年の1学期は乙ばかりの通称アヒルの行列であったと回顧している。しかしアヒルの行列は同じ敬三でも高田敬三の方で、実際は立て札（甲）の行列であって秀才だったという。額のホクロから「せいじん」というあだ名が付けられ、同級生からは一目置かれる存在であったようだ。昼食の弁当は女中がわりの寿屋総務課・寺地初枝が届け、2段重ねで洋食のおかずは男子羨望の的であった（『佐治敬三追想録』）。

　だが体質は病弱で、風邪を引くと長引き、体調が悪くなると無気力になり勉強に身が入らなかった。年間20〜30日前後を欠席し、プール遊泳も禁止され、鬱々と過ごすこともあった。

　放課後は自宅のテニスコートで一流選手の手ほどきを受け、負けん気の強さを発揮した。しかし躾として母が見守るなか、道夫と受けた週1回の仕舞の稽古は嫌で、度々逃亡を試みた。5年生の3学期に浪速高等学校尋常科を志望し、母に家庭教師をつけてもらったが、テニスに惚けてこちらもしばしばすっぽかした。

　同窓会では「鳥井君はゴンタやった」「ずいぶん泣かされた」という話で盛り上がったという。なお同校の同窓会は明治43年発足という長い歴史を有するが、昭和43年の創立60周年の後に停滞した。同57年の創立75周年を機に再建総会が開かれ、敬三が会長に選出され、亡くなるまで在任した。創立80周年では9学年下の漫画家・手塚治虫を講演に招待している。

コラム2

池附と雲雀丘学園

　佐治敬三の母校・大阪教育大学附属池田小学校（池附）では、特異な入学試験が行われていた。抽選である。これは昭和24年（1949）に進駐軍の助言、文部省の通達により導入されたもので、良家の子弟のみを教育するのは非民主的との理由からであった。近隣の室町住宅や雲雀丘住宅は経営者や中産階級が住み、その子弟が戦前は池附（当時の名称は大阪府池田師範学校附属小学校から昭和16年に大阪府池田師範学校附属国民学校、同18年に大阪第二師範学校附属国民学校、同21年には大阪第二師範男子部附属小学校と変遷）に通っていた。政財界や軍部を占めていたエスタブリッシュメントの再生産を、進駐軍が警戒したものと考えられる。

　これに困惑したのが、雲雀丘の住民であった。当時、雲雀丘には公立小学校がなく、昭和24年2月の池附入試では雲雀丘幼稚園（家なき幼稚園の後身）園児の多数が落選を余儀なくされた。同年3月、雲雀丘小学校創設委員会が結成され、委員長には鳥井信治郎が推されて就任した。4月、西谷村立小学校雲雀丘分教場が開校し、新入生36名が入学した。教員の大半は池附小所属であった。5月に学校創設趣意書が作成され、翌年8月、学校法人雲雀丘学園と雲雀丘学園小学校・雲雀丘学園幼稚園（雲雀丘幼稚園を改称）が認可された。初代理事長には信治郎が就任した。

　昭和37年、信治郎の死去を承けて敬三が理事長となった。昭和41年度、学園側は「中学高校時代の読書が、その人の生涯にとって、極めて大きな意義があることを痛感し」、敬三に協力を願い出た。本文第1章で述べた通り、鬱屈した少年時代に読書から多くを学んだ敬三が、その趣旨に大いに賛同したことは、当然の理であった。敬三は早速、角川文庫（全巻）、岩波新書（全巻）、白水社学校図書館文庫（全巻）の計約2千冊を中高図書館に寄贈した。これらは「佐治文庫」として設置されることとなった。

　敬三没後、平成11年（1999）に鳥井信一郎（敬三の兄・吉太郎長男）、同14年に鳥井信吾（敬三の弟・道夫長男）と、理事長の座は一族で引き継がれている。

　敬三が卒業した池附と、理事長を務めた雲雀丘学園は、国立・私立の違いこそあるが、「姉妹校」ともいうべき来歴を有している。　　　　　　　　　　　　　　　　　　　　　　　　　　　（松永和浩）

2 浪高生・佐治敬三

養子・母の死・留年

　小学5年生の3学期、敬三は帝大進学など意識せず安易な考えで、自動的に高校に進学できる七年制の浪速高等学校を受験すると言い出した。競争率は約5倍、算術の大ポカで1問を完全にミスしたが、昭和7年（1932）に合格した。

　浪高は大正15年（1926）、府立大阪医科大学予科を発展的に解消し設立され、尋常科4年・高等科3年の課程であった。昭和3年（1928）に待兼山（現・豊中市待兼山町）の新校舎（現・大阪大学会館）が一部落成し移転した。尋常科は各学年A・B組40名ずつ、高等科は文科甲類・乙類、理科甲類・乙類の4組40名ずつであった。

　入学を控えた小学6年生の春休み、三朝温泉へ家族旅行に出かけた。後にも先にも、父との旅行はこの一度だけであった。中学入学と同時に、敬三は母方の親戚である佐治家の養子となった。それを不憫に思っての家族旅行であった。しかし変わったのは姓だけで、鳥井家での生活は変わらなかった。

　2年生の夏、父を除く一家4人が豆腐が原因でチフスを発症した。西区の日生病院の隔離病棟に2か

浪高校舎　「叫が池」から本館（現・大阪大学会館）を望む（『写真集　大阪大学の五十年』より転載）

第1章 | 北摂を駆け、中之島で学ぶ少年

「真善美聖」にあこがれた浪高時代（左から3人目か）（大阪大学総合学術博物館所蔵　旧制浪速高等学校資料「11回理乙卒業アルバム」）

月あまりの入院となったが、昭和8年8月23日に母・クニが46歳で逝去した。

3年次は腺病質の虚弱体質のため後半を全て欠席し、留年となった。新学年を迎えても全快せず一学期を全欠した。その間、菊池寛・夏目漱石・山本有三・阿部次郎・倉田百三等を読破しながら、鬱々とした日々を過ごした。読書癖や内省的性格は、この頃に形成されたと考えられる。

校風と恩師・学友

復学した敬三を温かく迎え入れ、「人生の転機」に導いたのが、恩師・佐谷正であった。佐谷は授業中に敬三だけが挙手したのを見て、「休んどった佐治が手をあげとるやないか。ほかのもんは何をしとる」と言った。この一言で敬三は喜びで胸一杯になり、復学後はおこりが落ちたように勉強に興味がわき始め、成績も上位につけた。敬三は佐谷を生涯敬愛し

下校風景（『写真集　大阪大学の五十年』より転載）

続け、『佐谷先生追想』（1967年）の発行主体である佐谷正先生追想録編纂会はサントリー内に置かれた。

尋常科80人は7年間をともにするため仲が良く、交流は長らく続いた。「浪高に2Sあり」と並び称された佐野正一は、山崎蒸溜所の第一期増改築工事や

浪速高等学校高等科3年の頃（サントリー提供）

サントリーホールの設計を担当することとなる。他に大阪帝大理学部で菊池正士に学んだ真田順平・小塩高文、リウマチの専門家・七川歓次がいた。

高等科は、医者コースと呼ばれた理科乙類に進学した。乙類（ドイツ語）を選んだのは好奇心からだといい、理乙の同級生もへそ曲がりが多く、三分の一は理学部・工学部へ進学したという。

校風は初代校長・三浦菊太郎が関西の学習院を方針に掲げ、バンカラを忌み嫌って下駄履き登校を禁止し、自ら校舎前で取り締まった。しかし当時は2代目に代わり他校並のファッションで、敬三も下駄履き通学で父に目玉をくらってもめげずに抵抗した。

浪高の自主・自由な雰囲気を象徴するものに、昭和6年（1931）より学芸部が編集・発行に携わるようになり文芸・思想の全校発表機関誌となった『浪高』がある。だが満州事変（1931年）以降、左翼運動等に対する締め付けが強くなった。昭和10年10月24日発行の14号にペンネーム蝌蚪（かと）生の「回顧十年」が掲載され、辻村鑑はじめ転出した教官への思慕とともに「今の浪校は名須川教授を唯一の遺物として孤影寂寞を感ぜしめられる」等、当局への不満を吐露した。当局はこの記事を削除して再発行を命じ、翌年2月に再発行となる事件もあった。

同じく昭和11年、東大の河合栄治郎の「学生叢書」刊行が開始され、学生に多大な影響を与えた。同12年、河合『学生に与ふ』でのベンサム「最大多数の最大幸福」、ミルの自由論に敬三は共感し、自由主義思想に共鳴、配属将校への本能的な反発を憶えたという。河合から受けた影響は大きく、後年、今なお心の奥に生き続けるのは自由主義の信奉と人生の価値「真善美聖」へのあこがれだと語っている。

高等科2年の頃、敬三は加藤完治の農本主義にひかれ東大農学部農学科の浅見与七の下で栽培植物学を志望したが、父はともに仕事することを熱望している。学校のクラブ活動で仏教青年会に属し、芝・増上寺の大僧正・椎尾辯匡（べんきょう）が主宰する修養団に参加し、進路の悩みを打ち明けると、「今君のなすべきことは、君に最も近い人を満足させることではないか」といわれ決心がついた。大阪帝国大学理学部化学科教授で、父の知己であった小竹無二雄の門をたたくことになる。

3 阪大生・佐治敬三

大阪帝大理学部

　大阪帝国大学は昭和6年（1931）、内地6番目の帝国大学として創立された。昭和4年の世界恐慌に起因する不況のなか、京都に加えて大阪に帝国大学を設置する必要を政府は認めていなかったが、地元・大阪では設立費用を負担してまでも開設する熱意を示した。大阪帝大は大阪府立医科大学を医学部、塩見理化学研究所を理学部として発足し、2年後には大阪工業大学が工学部として編入された。キャンパスは中之島（大阪市北区）にあり、昭和41年までに豊中地区へ移転した理学部の跡地には大阪市立科学館が建っている。

　理学部は、既存の帝大が純粋理学の全学科を揃えたのに対し、数学・物理学・化学の3学科のみに絞られた。スタッフは、土星型の原子モデルを提唱した世界的な物理学者である長岡半太郎・初代総長の下、新進気鋭の研究者が招聘された。有機化学の父・真島利行、中間子論の湯川秀樹、八木アンテナの八木秀次、原子核物理の菊池正士、結晶化学の仁田勇、真島門下の小竹無二雄・赤堀四郎と、国内屈指の陣容を誇った。

　敬三が受験した昭和15年の入試は、定員20名に志願者わずか21名で、形ばかりの口頭試問で全員が入学した。なおこの春から健康を損ねていた兄・吉太郎が、9月に心筋梗塞で逝去する不幸に遭遇した。

　同級生との交流では、和辻哲郎『古寺巡礼』を案内書に奈良の古美術探訪を行った平山健三と「寿屋も文化を後々まで残すようなことができたらええなぁ」と語り合い、のちにサントリー美術館を開設した際に「お前が奈良であんなこと言うたよってにこんなこと始めたんやで」と言わしめた。塩野香料の御曹司で似た者同士であった冨樫英一には、誘われてコーラスグループを組織し、朝日会館に出演し

北区中之島4丁目にあった理学部（『大阪大学五十年史 通史』より転載）

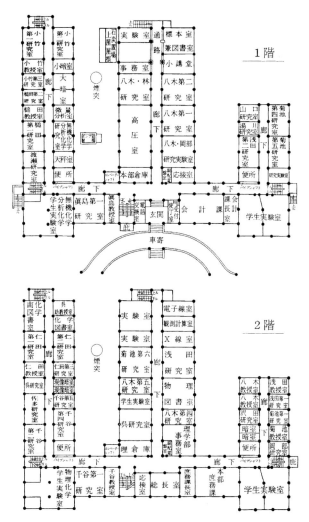

大阪帝国大学理学部平面図（地階・3階略）
（『大阪大学五十年史 通史』より転載）

大阪帝国大学理学部身分証明書（サントリー提供）

実験室で、"エトヴァス ノイエス"真理探究の日々を過ごす
昭和17年（1942）（サントリー提供）

た。これまたのちにサントリーが主催する毎年末の「一万人の第九コンサート」で二人は隣り合って歌うようになる。仁田研究室においてX線解析による分子構造解析で日本で初めてタンパク質を解明し、大阪大学蛋白質研究所長を務め、西播磨にシンクロトロン放射光施設（現・SPring8内）を設置した角戸正夫には、関経連として応援することとなる。大学時代の学友たちとの交流は後々まで続き、お互いを刺激し合ったようである。

エトヴァス ノイエス

恩師・小竹無二雄からは生涯にわたる金言を得た。小竹は富山出身で、七高（鹿児島）を経て、東北帝国大学で真島利行に師事した。卒業後にドイツへ留学し、フライブルク大学のノーベル賞受賞者ウィーランドの下で研究生活を送った。

ウィーランドからは毎日朝夕二度、「エトヴァス ノイエス（何か新しいことはないか）」と尋ねられ、当初はそんな次々と新しいことが起こるわけがないだろうと思ったという。だがある時ふと、真理探究に休みはなく、常に新しいことを追求して研究に取り組むべきとのメッセージだと気付く。それ以来、小竹は研究姿勢を改め、弟子に対しても「エトヴァス ノイエス」と問いかけるようになった。

小竹は晩年、弟子が寄付してつくった研究室にたてこもり、試験管の中に真理を求めていた姿は求道者のおもむきがあったと、敬三の目には映っていた。敬三は小竹の言葉と態度から、常に革新を目指すべきことを学びとった。

忍び寄る戦争

　当時の小竹研究室は、人体必須アミノ酸であるトリプトファンの代謝中間体「キヌレニン」の構造決定に挑戦していた。敬三が卒業論文研究に立ち向かって間もない頃、その構造式を証明したため、卒業論文の研究課題は急遽「キヌレニン誘導体の合成」に変更された。

　ちなみに太平洋戦争が勃発したのは2年次で、3年の課程が2年半に短縮された。したがって、卒論のための研究が始められたのは3年次からであった。

　時局柄、大阪帝大にも配属将校からの度重なる理不尽な要求があったが、当時の理学部長・八木秀次は「大学の使命は研究の遂行と学生の教育にある、それこそが国に報いるゆえんである」と堂々と主張してはねのけ、そのおかげで軍事教練は最小限に抑えられたようだ。

　敬三の学年は3年次、昭和17年9月に繰り上げ卒業となり、軍に徴発された。敬三は短期現役の技術科士官となった。現在、小竹研究室の流れを汲む深瀬浩一研究室には、村島禮輔の出征旗が残されている。これには真島利行・小竹無二雄等の教員、敬三等の学生が署名している。幸い、敬三の学友に戦死者はなかった。

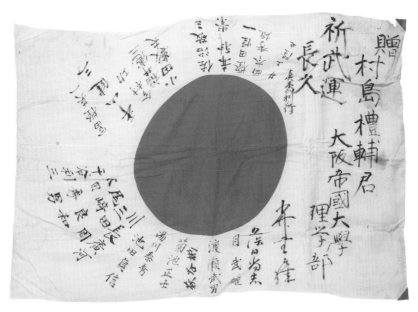

出征旗（大阪大学大学院理学研究科所蔵）

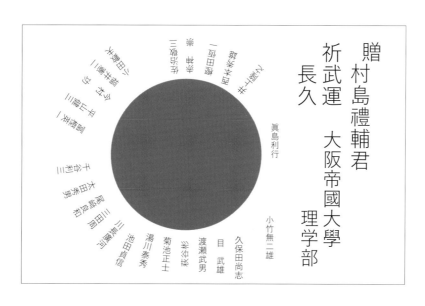

4 海軍技術士官・佐治敬三

出征・罹病・帰国

　入隊を前に、信治郎が築地の宮川で送別の宴を催した。敬三は素っ裸で秋風を心地よく感じていた。だが元来、のどの粘膜が弱く、風邪を引いてしまった。最初の配属先は青島（中国山東省）で、品川から24時間、呉から輸送船に改造された箱根丸の船倉で2日間の旅で咽頭炎が悪化し、青島に到着した途端に即入院となった。周囲は無事の到着を家族に知らせるなか、敬三はひとり便りを送れず信治郎をひどく心配させた。

　昭和18年（1943）1月、訓練を終え中尉に任官し帰途についた。この3か月の間に戦況が激化し、乗ってきた船は特設巡洋艦となり、中国・朝鮮沿岸を航行した。帰国後は大船（現・鎌倉市）の第一海軍燃料廠に勤務となったが、同所でジフテリアが流行し、再び信治郎は心配に駆られた。信治郎は醸造学の権威である東大教授・坂口謹一郎を連れて来訪し、隔離病棟の金網の外から大声でわめいたそうで、そのいささか滑稽な様を坂口が詩に詠んでいる。

　なおここでなぜ信治郎が坂口を伴っていたかというと、敬三の縁談に関わっていたようである。西宮の蔵本・辰馬本家（「白鹿」）筋から、戦艦「長門」「陸奥」等を設計し「軍艦の神様」と呼ばれた元東大総長の故・平賀譲の三女・好子との縁談が舞い込んでいた。信治郎は知己の坂口に、平賀家訪問の後見役を頼んだものと思われる。昭和19年秋、鎌倉で挙式を遂げ、翌年11月には長男・信忠（現・サントリー代表取締役会長）が誕生した。しかし好子は産後の肥立ちが悪く、翌月に他界した。信忠の養育は、夫・吉太郎没後も鳥井家に残り1男（信一郎。敬三からサントリー社長職を継承）1女を育てていた春子（小林一三長女）等にゆだねられた。

航空燃料を絞り取る

　敬三が配属された第一海軍燃料廠は、昭和14年（1939）に徳山海軍燃料廠研究部が大船に移転して燃料廠研究部実験部となり、同16年に独立したものである。主たる研究目標は航空揮発油の増産と質的向上にあり、「日本全体の燃料研究実験の総本山」というべき国内最高峰の研究機関であった。

　昭和16年、アメリカ・イギリス・中国・オランダは日本に対し石油輸出を禁止した（ABCDライン）。日本軍は石油資源を求めて東南アジアに進出したが、

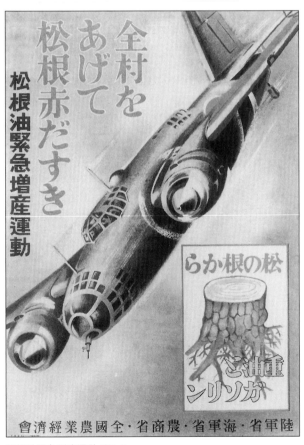

松根油緊急増産運動ポスター
（埼玉県平和資料館『戦争と庶民生活』より転載）

松根を入れる籠（埼玉県平和資料館『戦争と庶民生活』より転載）

松根油製造の乾溜釜
（埼玉県平和資料館『戦争と庶民生活』より転載）

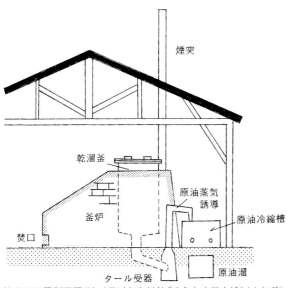

乾溜釜配置側面図（埼玉県平和資料館『戦争と庶民生活』より転載）

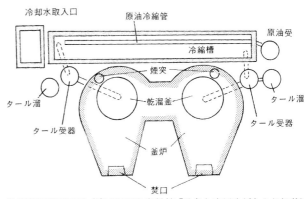

乾溜釜配置平面図（埼玉県平和資料館『戦争と庶民生活』より転載）

同19年には南方からの石油輸送が困難となった。そこで注目されたのが、昭和9年頃から生産が開始されたが採算面で普及しなかった松根油であった。窮状を打開するため、陸軍省・海軍省・農商省を中心に「松根油緊急増産運動」が展開された。陸・海軍は地域を分担し、関東7都県は海軍割り当て地域となった。

昭和19年12月、第一海軍燃料廠に松根油生産本部が新設され、海軍担当地域の松根油生産の指針に努力した。これまでブタノールの研究が仕事であった敬三は埼玉県に赴任し、終戦まで秩父の山奥や熊谷近辺に乾留釜を建設した。乾留釜とは、松の根株を釜に詰めて加熱分解し、揮発分を冷却してタール分と松根油を回収するための設備であった。戦争末期で農村の労働力が不足するなか、根株の掘り起こしは大変な労力であり、松根油がどれほど役に立ったかは甚だ疑問である。

昭和20年8月の終戦の詔勅（玉音放送）は、鎌倉の自宅で聞いた。弟の道夫は学徒出陣第一陣として昭和18年10月に招集され、志願して海軍予備学生として軍務に服し、終戦は南九州の海軍基地で迎えた。

コラム3

佐治敬三と有機化学

　大阪大学は、1931年（昭和6年）に大阪帝国大学として創設され、佐治敬三はその草創期に理学部化学科の8回生として入学した。当時は（今もそうだが）初代総長・長岡半太郎の残した「糟粕を嘗むる勿れ」というモットーのもとに、常に新しい課題に挑戦するという気風の中で研究が行われていた。敬三は小竹無二雄の下で卒業研究に取り組んだ。初代理学部長の真島利行は東北大学、東京工業大学、北海道大学理学部など多くの大学や理学部の創設に携ったが、阪大理では有機化学第一講座の教授も担当し、その弟子である小竹は有機化学第二講座の教授として1932年に着任した。小竹はドイツ留学時の師匠であるHeinrich Wieland（ノーベル化学賞受賞者）の教えでもある「Etwas neues：（何か新しいこと）」が口癖であり、弟子は皆その影響を大きく受けたものと思われる。小竹は、真島の下で必須アミノ酸であるトリプトファンの合成を達成しており、さらにはその代謝中間体であるキヌレニンの構造決定に取り組んでいた。敬三は、卒業研究としてこの研究に携わっている。

　敬三は、もともとは研究者となることが夢であり、自身は研究者への途を断念したが、1946年（昭和21年）2月に食品化学研究所（小竹が初代理事長、敬三は初代所長）を創設するという形で有機化学に貢献することになる。振り返ってみるとその慧眼は驚くべきものであり、科学の振興と多くの人材の育成に多大な貢献をした。1979年（昭和54年）に食品化学研究所はサントリー生物有機科学研究所（生有研）と改称され、コロンビア大学教授の中西香爾を所長に招聘し、生命現象の基本に関わる問題を物質レベルで解明するという世界をリードする研究が行われた。特筆すべき研究の一つとして、海洋天然物化学に関する研究がある。海洋生物は極めて多様性に富んでおり、それらから様々な興味深い生物活性を有する化合物が見出され、抗がん剤として実用化されたものも数多くある。また世界最先端の化学分析装置が導入され、有機化合物の構造決定についても最先端研究が展開された。

　私自身は、敬三の後輩にあたる芝哲夫の下で1981年に研究生活をスタートした。当時、芝研究室と生有研は様々な共同研究を行っており、例えば細菌由来の免疫増強糖脂質リピドAの構造決定に世界で初めて成功した。この研究はその後、自然免疫研究として発展し、私共は現在でも自然免疫機構の解明とワクチンなどへの医療応用について有機化学の観点から研究を続けている。

（深瀬浩一）

第 2 章

市場に挑み、流行を生む経営者

1 啓蒙家・佐治敬三

化学者気分の企業人

　昭和20年（1945）9月、敬三は復員して大阪に戻り、10月から寿屋勤めとなった。企業人となった敬三が最初に力を入れたのが、食品化学研究所の設立であった。同21年2月の設立趣意書には「食品化学ヲ研究シ正シキ食観念ヲ指導普及シテ国民栄養ノ向上ニ寄与スル」とあり、社会教育的性格を前面に出したところに特徴が見出せる。理事長には大学の恩師・小竹無二雄を迎え、自らは所長に納まった。当初の実験室は母校の大阪帝国大学理学部地下室（合成ゴム研究室）に仮住まいとなり、研究員は敬三と廣瀬善雄（小竹門下）の二人でスタートした。

　食品化学研究所の目玉となる社会啓蒙活動が、『ホームサイエンス』の刊行であった。昭和21年11月、家庭婦人に向けに「生活の科学」をメインテーマとした暮らしの啓蒙誌として創刊した。創刊号の表紙は小磯良平の画、内容は阿部知二・藤澤恒夫・織田作之助等の座談会等、関西屈指の執筆陣を揃えた。

　しかし時代は敗戦直後の混乱期、日々の生活に汲々とする状況に、人々には見向きもされなかった。一方で度重なるインフレもあって経費はかさみ、売価は『週刊朝日』1円のところ創刊号5円、すぐに10円・20円にしなければならなかった。当然のことながら、経営をめぐり信治郎とたびたび口論に及んだ。敬三は趣意書に示した高い理想に燃え、良質な誌面を提供する責務を寿屋が背負い込むべきとの信念を抱いていた。

　というのも、もともと社業は兄が継ぐ予定で父の右腕として既に信頼を得ており、敬三は化学者となることを志していたが、昭和15年に兄が急逝したことで敬三が後継者に浮上した。入社後に化学者気分が抜けるどころか、社業を通じてその理想を実現しようと躍起になっていたのである。信治郎は「敬三はへんこつや、しゃあないやっちゃ」とよく言ったそうだ。「へんこつ」とは「かたくな。片意地」を意味する大阪弁で、この時ほど痛感した時期はなかっ

入社当時の佐治敬三　昭和20年（1945）頃（サントリー提供）

創設当時の食品化学研究所の看板
昭和21年（1946）（サントリー提供）

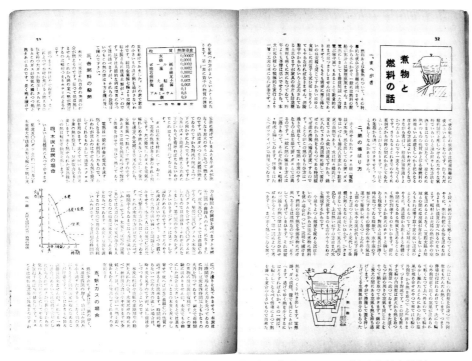

『ホームサイエンス』誌面（第1巻第2号）　昭和21年（1946）（ケンショク「食」資料室所蔵）

たのではないかと思われる。

　ところが、私鉄経営のモデルを構築した阪急グループ創設者・小林一三の一言で休刊を決意する。小林は「新女大学」を連載しており、原稿の受け取りに現れた敬三に対し「売れていないのなら休刊した方がいい。世の中が求めていないのかもしれない」と諭したのである。こうして時代を先取りしすぎた『ホームサイエンス』は、8号で休刊となった。ちなみに類書で現在まで続く花森安治の『暮しの手帖』は、二年遅れの昭和23年9月の創刊であった。

　現在、『ホームサイエンス』の全号がまとまって残るのは、アメリカのメリーランド大学「プランゲ文庫」が唯一といってよい。「プランゲ文庫」とは、占領軍が日本で発行された出版物を検閲した後、連合国総司令部の民間検閲局に勤務していたゴードンW.プランゲが一括所蔵・保存を図り同大学に寄贈したものである。「プランゲ文庫」の『ホームサイエンス』に記された占領軍検閲官のコメントは、「この雑誌はほかのものとくらべ、水準が高く、きわめて知的な内容である」と高く評価するものであった。後年、これを読んだ敬三は「こういうコメントがつくようでは、まじめすぎてきっとおもろなかったんやろな」としみじみ呟いたという。もっとうまいやり方があったはずだろうに、当時の不器用で青臭い自分に照れくささを感じながらも、若かりし日を微笑ましく思ったのであろう。

　『ホームサイエンス』の苦い経験は、その後の敬三に大きなものをもたらした。一つは、洋酒メーカーとしての企業経営に本腰を入れる自覚であり、昭和24年に専務に就任した。もう一つは、生涯の友との出会いであった。『ホームサイエンス』の編集部員は敬三と大阪帝大理学部で同期の眞田順平、奈良女子高等師範（現・奈良女子大学）物理学科卒で大阪大学の聴講生となり理学部物理学科の伏見研究室の助手を勤めた金城初子（詩人・牧羊子）であった。牧の夫が、後に寿屋宣伝部で活躍する開高健である。

戦後復興の牽引者

　敗戦後の日本では、占領軍によって「日の丸」「君が代」が禁止された。「君が代」に代わるべき歌が国民のなかから生まれてもよいではないか、と考えた敬三は新国民歌の制定を信治郎に提案した。昭和28年（1953）1月、寿屋が新聞で募集し、全国から作詞5万余編、作曲3千曲の応募があった。一等は芳賀秀次郎作詞「われら愛す」で、西崎嘉太郎が作曲、山田耕筰が合唱と管弦楽のために編曲した。完成した「われら愛す」は東京・大阪・札幌等、全国12か所の発表会で披露された。結局は国民に定着はしなかったが、一企業でありながら国民歌を制作しようと大胆に試みた事実は、信治郎・敬三父子の社会貢献に対する意識の高さを窺わせる。

新国民歌「われら愛す」の楽譜　昭和28年（1953）（サントリー提供）

環境問題に取り組む

　時は下って昭和48年（1973）、サントリーは世界最大の白州蒸溜所（北杜市）を完成させた。敷地内に広大な鳥の聖域（バードサンクチュアリ）を設置し、同年5月の愛鳥週間に自然環境保護のため「心の中にトリの保護区を」と訴えた。新聞広告での愛鳥キャンペーンの始まりである。キャンペーンでは日本鳥類保護連盟・山階鳥類研究所・日本野鳥の会等と協力しながらの啓発活動のほか、野鳥観察・巣箱づくり・愛鳥教室等を開催した。平成元年（1989）には公益信託「サントリー愛鳥基金」を設定し、野鳥自然保護団体の活動を支援している。

　敬三の死後、サントリーは工場でくみ上げる以上の地下水を生み出す「天然水の森」活動（2003年）、次世代環境教育「水育」（2004年）、持続可能な地球環境のために「サントリー環境ビジョン2050」の策定（2014年）、水のサスティナビリティをグローバルで実践するための「水理念」の策定（2017年）といった環境保護活動に継続的に取り組んでいる。

愛鳥キャンペーンのポスター（サントリー提供）

2 宣伝マン・佐治敬三

占領軍と対峙

　大阪城に陸軍第四師団司令部や東アジア最大の軍需工場である大阪砲兵工廠を抱え、「軍都」の性格を有した大阪は戦争最末期には空爆の格好のターゲットとなった。寿屋も戦災を免れず、本社と主力の大阪工場（港区）は焼失した。幸いにも大阪と京都との境界に近い山崎蒸溜所は無傷で、ウイスキーの原酒も無事であった。寿屋のウイスキーは戦時中は海軍の軍納品に指定されていたが、信治郎の変わり身は早く、敗戦後すぐに新大阪ホテルに置かれた司令部に乗り込み直接交渉を行った。その結果、昭和20年（1945）10月1日、GHQから「ウイスキーを納入せよ」との指令が下り、将校向けの「レアオールド」、GI（兵士）用の「ブルーリボン」を大量生産した。「ブルーリボン」は、のちの「トリス」につながる製品であった。

　さらに加えて、信治郎は毎夜のごとく米軍将校を自宅に招き接待した。戦後、雲雀丘一帯の洋式住宅は占領軍将校の住宅として接収されたことが関係していると考えられる。下士官の相手は敬三の役目であったが、そもそも信治郎の変節に内心、反感を抱いていたところである。敬三は接待に疲れ果てて、電車のなかの日本人の会話やトイレの水音まで英語

昭和21年発売時のトリスウイスキー
昭和21年（1946）（サントリー提供）

戦後最初の新聞広告　昭和24年（1949）（サントリー提供）

公定価格の「公」に×をつけ、統制価格撤廃をうたった新聞広告　昭和25年（1950）（サントリー提供）

に聞こえる極限状態に陥った。だが次第に要領を得られるようになり、語学に対してある種の自信がついたという。

信治郎は戦後復興と量産体制構築のためにウイスキー3工場建設の大号令を発し、本社を大阪市北区堂島浜通2に定めた。敬三は大阪工場の復興と、九州・関東での新工場建設を命じられた。昭和21年4月に大阪工場の蒸留部門が完成、同22年1月には大分工場が竣工した。大分工場、すなわちのちの臼杵工場は、トリス全盛の時代には西日本一円を受け持つ規模を誇った。

洋酒ブーム

昭和24年（1949）、酒類配給制度が廃止され、自由販売が認められ復活した新聞に、寿屋は戦後初の広告を出した。トリスウイスキーを「安くてウマい！」、翌年から「うまい　やすい」と訴えた。戦後の混乱が落ち着き始め、湯川秀樹のノーベル物理学賞受賞といった明るい話題も出始めた当時、少しでもうまさを求める時代の雰囲気・変化を捉えたものであった。同25年には公定価格廃止となり、酒類も自由競争時代へ突入した。寿屋はこれを歓迎するかのように、マルで囲った「公」の字に×印を付けた広告を出した。この年は朝鮮戦争による朝鮮特需に沸き、戦時体制下で日の目を見なかった「サントリーオールド」を発売し、寿屋の呼称を「洋酒の寿屋」に変更、商品には「寿屋の洋酒」と明示すると決定した。これにちなんで、敬三は挨拶に立つたびに「養子の寿屋」と自己紹介し、「佐治でございます。ひとこと謝辞を申し上げます」と軽妙に言ってのけ、笑いを誘うユーモアを発揮した。

昭和26年9月からは民間ラジオ放送が、同28年8月からはテレビ放送が開始された。民放ラジオ発足当時、寿屋は「百万人の音楽」「トリスジャズゲーム」を提供した。前者はクラシック中心の30分番組で内外の著名演奏家が登場し、後年の「サントリー音楽財団」設立につながった。後者は都会の若いジャズファン対象の公開番組で、一流のジャズシンガーやコンボが毎回出演した。

テレビでは同28年放送開始の「今日と明日のお天気」（日本テレビ）、のち「あしたのお天気」を提供した。三木鶏郎作曲のCMソング「サンサンサントリーの天気予報」が好評を博した。その他、プロ野球「日本選手権」（日本シリーズ）実況中継（昭和33年）、クリント・イーストウッド主演の西部劇「ローハイド」（同34年）、「サンセット77」（同35年）等、多彩なテレビ番組を提供した。

広告の効果を十分認識していた寿屋は、ラジオ・テレビという新たな媒体に進出し、知名度を着実に上げていった。また「ローハイド」のテーマは敬三の十八番となり、スリッパを馬のムチの効果音にして歌い、場を盛り上げるのに大いに役立った。

さらにより洋酒を日本人の生活に浸透させるため、1950年代には「洋酒のある生活」を提案していった。これは生活の向上を願う人々の心を捉え、ウイスキーの底辺を大きく広げる成果を上げた。その背景には「タケノコ・マーケティング」という戦略があった。

わずかな時代の空気、市場や消費者の動向を察知し、半歩先を行く販売戦略が奏功した。

そして見逃せないのが、トリスバーの存在である。昭和30年頃から酒とツマミの値段を統一し、客席に女性を侍らせないことを基本とする「寿屋の洋酒チェーンバー」が全国に登場し、約1500軒を数えるに至った。東京では昭和25年の池袋のトリスバーが初、大阪ではお初天神前の「バー・デラックス」が最初であった。こうして昭和30年代、第1次洋酒ブームが到来した。否、寿屋によって生み出されたと言うべきだろう。

なお現存する最古のチェーンバーは、昭和33年に松山に開業した「サントリーバー露口」である。開業当時のマスター・露口貴雄が今もカウンターに立ち、濃いめの「昭和ハイボール」を守り続けている。同店は「角ハイボール缶〈濃いめ〉」を監修したことでも知られる。店内には柳原良平が手書きで描いた木製のアンクル・トリスの爪楊枝入れが残されている。このデザインの爪楊枝入れは、のちにプラスティック製で大量生産され、人々に親しまれた。

寿屋宣伝部第2次黄金時代

戦前の寿屋宣伝部は片岡敏郎・井上木它の活躍で、華々しかった点は序章で述べた。しかし戦後間もない頃は、戦前からの生き残りがイラストレーターとコピーライターそれぞれ1名のみという危機的状況であった。人材を集めて宣伝部を再生させる必要があり、敬三はこの課題に取り組んだ。

ある時、『ホームサイエンス』編集担当だった牧羊子が、「ミルク代が足りまへんねん。何とかなりまへんやろか」と敬三に嘆願した。それ以前に結婚の報告を受け、夫・開高健が執筆した同人誌『えんぴつ』の編集後記が不思議と強く印象に残っていた敬三は、開高に宣伝文を原稿用紙1枚につき500円の原稿料で書かせることにした。昭和29年（1954）2月には牧と入れ替わりで開高が入社し、コピーライターとして活躍した。同33年には小説家として独立したが、社を離れても広報活動に携わり、敬三との関係は生涯にわたって続いた。敬三は「皆が満足するものよりも多少は異論のあるほうがおもしろい。反逆の精神がかえっていいと思った」と評価していた。

また三和銀行業務部次長の山崎隆夫に対して、敬三はスカウトに動いた。昭和27年創設の朝日広告賞の選考委員で同席し、「一目ぼれというか、引き合うものがあったというか、この人をおいてはサントリーの広告を託する人はいないと思い込んだ」からだという。幸い兄・吉太郎と旧制神戸高商時代の同級生であり、三和銀行頭取・渡辺忠雄の次男・英二（日揮社長）が恩師・小竹無二雄門下であった。小竹を通じた交渉はトントン拍子にまとまり、昭和29年4月に入社することとなった。山崎はアートディレクターとして、宣伝部長として「ほん機嫌よう遊びなはれ」と個性の強い面々を自由に泳がせ、縦横無尽に活躍する場を与えた。

サントリー宣伝部を支えた面々（前方左から開高健、矢口純、山崎隆夫、坂根進、柳原良平、山口瞳）昭和42年（1967）
（サントリー提供）

寿屋サントリーチェーンバー看板（サントリー所蔵）

寿屋の洋酒チェーンバーへお誘いのポスター（サントリー提供）

柳原良平が手描きしたアンクル・トリスの爪楊枝入れ（サントリーバー露口所蔵）

アンクルトリス爪楊枝入れ
（プラスチック製）（サントリー所蔵）

サントリーバー露口　平成30年（2018）（『whisky voice』61より転載）

京都美術大学（現・京都市立芸術大学）の4年生ながら、父が勤務する三和銀行の嘱託として山崎の下で宣伝活動に従事していた柳原良平は、山崎を慕って卒業と同時に入社した。コミカルな動きと憎めない言動に親近感を感じさせるキャラクター「アンクル・トリス」（昭和33年）の生みの親である。この他、矢口純、酒井睦雄が入社し、デザイナーの坂根進が新聞広告に応募し、開高の後任の山口瞳が加わって、寿屋宣伝部第2次黄金時代の陣容は整えられた。

その代表作が、開高の発案で昭和31年4月10日に創刊されたトリスバー向けPR誌『洋酒天国』である。ユーモア・気品・エロティシズムを満たし、コマーシャル色は徹底排除、面白くてタメになり、博識とプレイを兼ね、大手出版社の雑誌の盲点と裏をつくことに全力を挙げる内容で、「コーヒー特集」「テレビ特集」「戦後十五年史」「野球特集」「八十頁世界旅行」は名企画の呼び声が高い。高度経済成長期のサラリーマンはこの「夜の岩波文庫」、「酒と遊びの教養雑誌」の虜となり、『洋酒天国』を求めてトリスバーに通った。

当初、開高等は「天国」が安っぽいといって誌名に不満だったが、発行部数2万から最高24万部まで記録する大ヒットとなると黙り込んだ。なお名付け親は敬三とされているが、敬三によると経理担当の大川信雄（住友銀行から入社）であるという。編集兼発行人は開高、発行所は寿屋内の洋酒天国社となっていた。

開高は刊行後間もなく、編集作業の便から東京移転を提案し、宣伝部は昭和31年に日本橋・蠣殻町の東京支社（同年、日本橋・茅場町に移転）に移転した。また開高自身、昭和33年に『裸の王様』で第38回芥川賞を受賞し、作家業が忙しくなった。そこで開高は外部嘱託として宣伝部の仕事を請け負い、のちに直木賞を受賞する山口瞳が『洋酒天国』編集のために昭和32年11月に入社した。なお芥川賞受賞の記者会見の際、広告費に換算したらいくらになるかと開高が敬三の耳もとでささやいたところ、「4千万くらいか」と答えたという。4千万円とは当時の寿屋の半年分の宣伝費に相当する額であった。社業を疎かにしかねない副業は通常禁止するところ、大幅な宣伝効果を見越していたところが敬三らしい。

熱気にあふれる宣伝部の作品は、話題をさらっていった。昭和31年のトリスの広告「ふらんすに行きたしと思えども／ふらんすはあまりに遠くせめて／トリスなど持ちて／気ままな旅に出てみん」は、萩原朔太郎の詩の改作であるとして問題になった。新聞広告では、コピー開高、アートディレクト坂根、イラスト柳原が定番となり、昭和36年には「「人間」らしくやりたいナ」の名コピーが生まれた。これに酒井・山口が加わったチームによるテレビの「アンクル・トリス」シリーズや、山口の「トリスを飲んでハワイへ行こう！」（昭和36年）は名作として知られている。

広告宣伝は敬三が統轄したが、それ以前において新聞広告やポスター等の主要媒体は宣伝部意匠課の課員全員がアイデアを出してラフスケッチをつくり、信治郎が目を通して選ぶ課内コンペのシステムであった。これではロスが大きかったため、新聞広告は柳原がイラストレーション、開高がコピーをつくり、ゲラ刷りが出た段階で山崎が確認し、最終段階で敬三に廻し、イニシャル「KS」のサインが書かれれば完了となる体制に変わった。

敬三はセンスあふれる宣伝部員を信頼し、自主性を重んじた。『洋酒天国』担当の開高・坂根・柳原は特製栓抜き・灰皿・コースター等のグッズを考え、

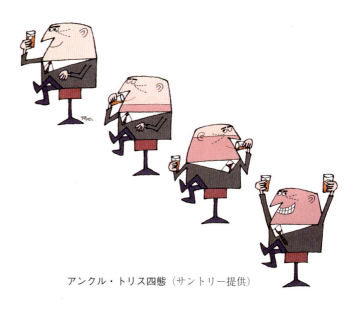

アンクル・トリス四態（サントリー提供）

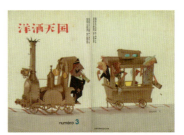

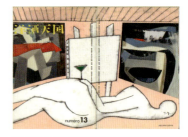

第 2 章 | 市場に挑み、流行を生む経営者

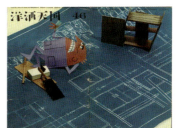

『洋酒天国』各号表紙の表裏見開き（欠号あり）
昭和31〜38年（1956-63）
（サントリーバー露口所蔵）

山口瞳の「トリスを飲んでハワイへ行こう!」昭和36年(1961)
(サントリー提供)

最初の全社員セールスマン作戦で岡本屋でビールを売る佐治敬三
昭和51年(1976)(サントリー提供)

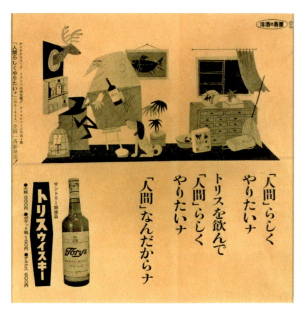

開高健の「「人間」らしくやりたいナ」昭和36年(1961)
(サントリー提供)

岡本屋で記者会見を開いた佐治敬三　昭和51年(1976)
(岡本良一『栓抜きの館』より転載)

山崎にプランをもちかけ敬三に見せ、多くは販売促進課の仕事として実現した。西部劇「ローハイド」のCMでは、西部劇調の「アンクル・トリス」を考え、柳原と山口で西部劇と日本の天保水滸伝に共通するものがあるからと浪曲を取り入れたところ直属の上司は難色を示したが、強引に勝手に作成したところ、敬三は「よろしなァ」と満足気であったという。

　昭和39年、宣伝部の主なメンバー(開高・山口・柳原・坂根・酒井)は独立して宣伝クリエイティブ会社サン・アドを設立した。その後はサン・アドを通じてサントリーのCMづくりに携わった。

全社員がセールスマン

　宣伝・販売では、敬三が社長職を継いで挑戦したビール事業が苦戦を強いられたため、様々な方策が立てられ実践された。その一つに、全社員セールスマン作戦がある。ビール販売に勢いをつける提案を社内に募り採用されたもので、昭和51年(1976)6〜7月に全国で実施された。社長・敬三以下、全社員3千7百人が酒販店の店頭に立った。

　敬三が最初に選んだのは、いち早くサントリービールの取り扱いを始めた神戸市東灘区の岡本屋であった。岡本屋の店主・岡本良一は栓抜きのコレクション千個超え(「千を抜く」)を目指し、サントリーのノベルティグッズや世界各地の珍しい栓抜きを展示する「栓抜きの館」を開設した。

3 ブレンダー・佐治敬三

国産ウイスキーの旗手

　ウイスキーの本場・イギリスと日本とでは、原酒の製造と製品化のあり方が著しく異なる。イギリスには無数の小規模な蒸留所が独自の原酒づくりを行い、DCLのような巨大企業が原酒を買い集めてグレーンウイスキーと調合し、ブレンデッドウイスキーを製造販売する。かたや日本では、寿屋（昭和38年からサントリーに社名変更）やニッカのような巨大メーカーが原酒の蒸留から商品の製造までを一貫して自社で担う。この方法でウイスキーづくりを行うには、多彩な原酒を製造することができる多様な形状の蒸留釜（ポットスチル）と、大量の原酒を様々な環境で熟成させることができる貯蔵施設を必要とする。そもそも蒸留所がごく一部のメーカーに限られていた、日本ならではの方法ではあるが、寿屋は洋酒ブームのなかで率先してこれを確立し、ニッカウヰスキーが追随する形となった。

　昭和33年2月、山崎工場の第一期拡張工事が完成し、ポットスチルが4基に増設され、仕込み・発酵・蒸留設備も改良され近代的な蒸留工場に一新された。同38年、原酒製造のほぼ全工程にわたる大幅増設工事が完了し、ポットスチルは8基となり、これにより原酒製造能力が3倍となった。

　その他、西日本では道明寺工場（藤井寺市）・大阪工場の改築・拡張、臼杵工場（臼杵市）の近代化も実施された。関東では東京醸造の藤沢工場（藤沢市）を買い取り、昭和31年に近代設備を導入して稼働させ、同33年6月にオートメーション工場となる多摩川工場（川崎市）を完成させた。同46年には八日市市に原酒貯蔵庫となる近江エージングセラーを建設した。

　さらに同48年、スコットランドに留学した稲富孝一を中心に、世界最大の蒸留所となる白州ディスティラリー（北杜市）を作り上げた。原水には「南アルプスの天然水」（軟水）を使用し、昭和54年には日本初の「ウイスキー博物館」を併設した。

　一方のニッカは、昭和39年にカフェ式連続式蒸溜機を西宮工場（西宮市）に設置し、同44年にスコットランドのローランドタイプの原酒工場となる宮城峡蒸溜所を完成させ、同じくハイランドタイプを製造する基幹工場・余市蒸溜所（余市町）に加えて幅広い商品開発を可能とした。

　両社は昭和39年、五百円戦争と呼ばれる熾烈な競争を展開する。同年2月、ニッカがアルコール度39％、販売価格500円の「ハイニッカ」を発売すると、サントリーは翌月に度数・価格が同じで、「トリス」より

週刊朝日のシリーズ広告に登場した司馬遼太郎
昭和40年（1965）頃（サントリー提供）

「サントリーレッド」のエクストラ瓶　昭和54年（1979）発売
（サントリー提供）

「サントリーレッド」のポスター　昭和39年（1964）
（サントリー提供）

「オールド」　昭和25年（1950）発売（サントリー提供）

海外向け「オールド」のラベル　昭和37年（1962）頃（サントリー提供）

もう少し上級の「サントリーレッド」を発売した。今度はボトルの容量をめぐり、同41年4月にサントリーが「レッドダブルサイズ」（1440ml・900円）を投入、ニッカも1600ml・1000円で対抗した。サントリーの「二倍入って百円安い」のキャッチフレーズはインパクト十分で、「レッド」は経済的なウイスキーとして家庭に普及し、出荷量でも「トリス」を抜いた。「レッド」を牽引役として、第二次洋酒ブームが到来していた。

日本独自の道を追求

　サントリーとニッカは、目指すべきウイスキーの方向性でも対抗関係にあった。スコットランドで製法を学んだニッカ社長の竹鶴政孝は、本場のスコッチの味を理想とした。サントリーはというと、スコッチの亜流ではない、日本独自のバランスのよいウイスキーが目標であった。
　昭和36年10月、サントリーウイスキーがアメリカ

オールド寿司屋篇の雑誌広告　昭和45年（1970）

和風店向けの水割りセット（サントリー提供）

で「ジャパニーズ・ウイスキー」として初めてラベル登録の承認を受け、翌年にはローヤル、オールド、角瓶等をアメリカへ輸出し、これを機に海外での事業展開に拍車がかけられた。昭和46年に輸入自由化の一環として実施されることとなったスコッチの輸入数量制限撤廃に対し、強力な対抗商品の投入と海外ブランドとの提携による「二面作戦」を展開した。同44年6月発売の高級ウイスキー「リザーブ」を「国産品と呼ばず国際品と呼んでください」とのコピーで触れ込んだのは、スコッチに品質で対抗しようとする自信の表れであった。後者では昭和44年にアメリカのブラウンフォーマン社（「ジャックダニエル」「アーリータイムズ」）とシェンレー社（「I・W・ハーパー」）と提携し、バーボンウイスキーの輸入販売権を確保した。これ以後、7か国13社27銘柄に提携を拡大させた。

また昭和45年、銀座の有名な寿司屋でウイスキーの水割りがよく合うとの評判を聞き、敬三は「二本箸作戦」の号令を発した。英訳すれば「チョップスティック・オペレーション」と、敬三はいたくお気に入りのネーミングであった。日本料理にウイスキー水割りを合わせる、和風市場にウイスキー需要の扉を開く作戦であった。ウイスキーが製品化される際のアルコール度数がおおよそ43％で、2倍の水で割ると度数は約14％と、日本人が慣れ親しんだ日本酒の度数になるという理屈も用意された。ミニチュア瓶（50ml）、ベビーサイズ瓶（180ml）、水割りセット等で普及し、「オールド」はボトルキープが増えて消費量が飛躍的に伸び、一般家庭へも浸透する好結果につながった。

マスターブレンダー

マスターブレンダーとは、ウイスキーメーカーが世に送り出す製品のレシピを最終的に決定する最高責任者である。サントリーのこの地位は初代・信治郎、2代目・敬三、そして現在の3代目・鳥井信吾（道夫息）と、創業家一族が継承してきた。信吾は敬三から教えを受けたというが、信治郎は敬三にただの一度もブレンドを教えようとはしなかった。昭和30年頃から信治郎は社業の第一線を離れ、徐々に敬三への継承を進めたが、ブレンドに関して敬三は「自らの思いのまま試行錯誤」するしかなかった。その末にたどり着いたのが、日本人の酒の飲み方の特徴である味覚・嗅覚を楽しませる、日本人に合う「日本のウイスキー」という理想であった。

「日本のウイスキー」は、豊かなモルト原酒の使用により、芳醇であるがさわやかで、熟成度に裏打ちされたハーモニーを特徴とし、スコッチに劣らぬ、しかしその亜流でないウイスキーであった。敬三の下、歴代技術者は「香味豊かで調和のとれたモルトウイスキー」づくりに励み、熟成等には多面的研究から科学的メスを入れて多様なモルト原酒を揃えた。

しかし1980年代のウイスキー市場は前述の輸入自由化等により飽和状態に陥り、税制改正で焼酎ブームが到来し、「オールド」の売り上げも落ち込む一方であった。「オールド」の年間販売数量は、昭和55年の1200万ケースから同60年には650万ケースに激減し

「ローヤル」 昭和35年（1960）発売
（サントリー提供）

「インペリアル」 昭和39年（1964）発売
（サントリー提供）

「ザ・ウイスキー」 昭和39年（1964）発売
（サントリー提供）

ている。そのようななか、昭和59年に敬三自ら毛筆で書いた「洋酒新時代宣言」が全社に向け発信され、ウイスキーの危機突破が呼びかけられた。そこで掲げられた洋酒の最重要課題として、ウイスキーの反転攻勢と、白もの・スピリッツ市場での主導権確保の2点が確認された。こうして若者向け新ウイスキー「Q」（1984）、ソフトバーボンタイプの「コブラ」、オールド市場をサポートする「クラシック」、エコノミーな「ウィ」（1985）と、矢継ぎ早に新製品を送り出すが、結局は原点に回帰する。

「何も足さない　何も引かない」とのシンプルさで勝負するコピーが印象的なシングルモルト「山崎」（1984）と、「新リザーブ」（1987）・「新オールド」（1988）の既存ブランドの見直しに行き着いた。

そして創業90年記念製品として、高級ブレンデッドウイスキー「響17年」を平成元年に発売した。蒸留技師・嶋谷幸雄（阪大工学部出身）が仕込んできた原酒を、チーフブレンダーの稲富孝一（敬三と同じ阪大理学部化学科出身）が厳選して開発した、敬三が理想とするジャパニーズ・ウイスキーの最高傑作であった。「響」の名は、音楽好きでバイオリンを弾き、ブレンドをよく音楽に例えていた稲富がイメージする、多様な原酒が調和したハーモニーを奏でる様を表現していた。

原点回帰は世界五大ウイスキーとしてのジャパニーズ・ウイスキーの地位確立、世界的コンペティションでの数々の入賞という成果に結実した。平成15年の「山崎12年」のISC（イギリスの出版社ドリンクス・インターナショナル社主催のインターナショナル・スピリッツ・チャレンジ）金賞を皮切りに、「響30年」が平成16・18〜20年の3年連続4回目ISCトロフィー（最高賞）と、平成19・20年WWA（『ウイスキーマガジン』主催のワールド・ウイスキー・アワード）ベストブレンデッドウイスキー、平成19年IWSC（1969年にロンドンで創設された歴史と権

ウイスキーのテイスティングをする鳥井信治郎と佐治敬三
（サントリー提供）

第2章 | 市場に挑み、流行を生む経営者

威を誇る世界的酒類コンペティションのインターナショナル・ワイン・アンド・スピリッツ・コンペティション）金賞をはじめ、近年続々と入賞している。2010年には「ウイスキーマガジン」主催「アイコンズ・オブ・ウイスキー2010」（世界部門）で年1社に与えられる「ウイスキー・ディスティラー・オブ・ザ・イヤー」を日本企業として初めて受賞する快挙を達成した。

　これらの実績は敬三没後のものではあるが、原酒の仕込みも製品のレシピも、マスターブレンダーであった敬三の時代に由来するものである。晩年の敬三の下でチーフブレンダー（マスターブレンダーの下でブレンドを統轄）を務め、世界有数のブレンダーである輿水精一によれば、敬三の意識はブレンダーそのものであったという。商品開発の過程においては、加えるべき原酒を具体的に指定し、分量まで事細かに指示してきたという。敬三の品質に対するこだわりが垣間見える。

「山崎」の広告　昭和59年（1984）（サントリー提供）

「響」　平成元年（1989）発売（サントリー提供）

ウイスキーをテイスティングするマスター・ブレンダー佐治敬三
（サントリー提供）

敬三が自らレシピを考案し要人等に贈った
「プレジデンツチョイス」のボトル（個人蔵）

挑戦者・佐治敬三

欧州へビアライゼ

　敬三の最初の著作に、『洋酒天国――世界の酒の探訪記――』（文藝春秋新社、1960年）がある。昭和34年（1959）4月から100日間、欧米9か国の銘醸地を訪ねた旅行記であった。会社の将来を見据え、さらなる発展の方途を探るための海外視察であった。次にヨーロッパを訪れたのは2年後の10月、技術者の村上満等4人を伴い、先にベルギーに派遣されビール醸造実習中の若い技術者4人と合流した。この旅の主目的は、ベルリンを皮切りにドイツ、デンマークをめぐる「ビアライゼ」（ビールの旅）にあり、どんなビールを作るか、技術者・従業員の養成をどう行うかを探る旅であった。終着点のコペンハーゲンで飲んだ「カールスバーグの樽生」にすっかり魅了された敬三は、翌日に同社を訪問し技術担当の重役に技術指導を申し入れ、ヨルゲンセン研究所を率いるヘルム博士を紹介してもらうことに成功する。ビール事業の夢の実現という、敬三の新たな挑戦が始まっていた。

　ビアライゼの第2弾は昭和37年、開高健をともなうマーケティング中心の視察であった。ビアホール、ビアガーデンでビールをいやというほど味わい、夜は宣伝のネタを求めてさまよい歩き、その模様を『SUNTORY GOURMET』（1971年12月創刊。季刊。非売品）に連載した。今回の旅行記は『新洋酒天国――世界の酒の旅――』（文藝春秋、1975年）として刊行され、文庫化に当たりPR誌『ビール天国』・『サントリー天国』掲載の"ビール世界の旅"11回～20回（昭和40年2月～11月分）を、「ドイツ・ビールを訪ねて」として追加した。

佐治敬三『洋酒天国』と『新洋酒天国』
昭和35・50年（1960・75）（個人蔵）

ビール市場への参入

　父・信治郎のビール事業への挑戦については、寡占市場の前にはかなく散ったが、決して諦めたわけではなかったことを序章で述べた。昭和24年（1949）頃、阪急グループの総裁・小林一三は信治郎に対し、日本のビールは大手数社が占め味も大差ないため、画期的な味のビールを作ってみないかと提案したことがある。しかし当時はウイスキーの量産体制を整備するさなかで、ビール事業には新工場建設等の設備投資が必要であり、特に流通面で参入が困難で寡占状態を突破するのは不可能に近く、やはり断念している。ビールの流通は特約店制度といって、卸屋はいずれかのメーカーの特約卸販売店に指定され専売契約を結んでいたのである。

　昭和32年、焼酎メーカーの雄・宝酒造が「タカラビール」を発売した。しかし事前に計画をすっぱ抜かれ、麦生産者にまでカルテル網が張り巡らされ食い込む余地はなく、10年で撤退した。当時の業界は麒麟（「キリン」）が一人勝ちの状況で、残りのシェアを大日本麦酒から分割された朝日（「アサヒ」）と札幌（「サッポロ」「エビス」）とで分け合っていた。

　宝酒造を尻目に、敬三は情報統制を敷きながら慎重に参入の準備を進めた。昭和31年、ウイスキー麦

『ビール天国』第1巻第1～8号　昭和38年（1963）（ケンショク「食」資料室所蔵）

芽研究の名目で1人の若い技術者を、ビール醸造学で有名なミュンヘン工科大学へ派遣した。昭和36年5月に4人の技術者をドイツに派遣した際は、ドイツの蒸留酒シュタインヘーガーの製法を学ぶという噂が流された。この時期、社内ではビール事業に関する隠密作戦を「シュタインヘーガー」と名付け、それを合い言葉としていた。

この間の昭和35年、敬三は自宅で静養中の信治郎にビール事業進出を告げる。敬三の決意を知った信治郎は、「やってみなはれ」とつぶやいたという。ウイスキー事業が順調ななか、社内の空気に緊張感をもたらすためにも、あえて挑戦する意味があった。

なお信治郎は昭和37年2月20日に享年83歳でこの世を去った。自身の生き様を「この道」と題し、昭和33年の社内報「まど」に次のように述べている。

> 若い人たちには夢がある。私も亦、夢を見てきた一人である。しかし私は夢を夢で終わらせずに、それを実現してきた。いな精魂こめてその実現に努力してきた。そして常に、その実現の道を、あやまらなかった。その実現の道、つまり私の実践の道は、いつかきた道であり、いつもゆく道であった。

自身がワインやウイスキーに挑戦したように、息子はビールに賭けるという決意表明に、信治郎がどのような感慨を抱いたか、推して知るべしといえよう。

昭和36年5月30日、信治郎が会長となり、敬三が社長に就任、常務の鳥井道夫が専務となった。社長就任の決意表明で、利潤の追求や個々の人々の生活のためのみならず、真の目的は寿屋という企業を通じての社会への奉仕にあると宣言した。

社長としての最初の大仕事は9月7日、東京・立川税務署にビール製造の内免許申請書を提出し、帝国ホテルでの記者会見でビール業界への進出を宣言することであった。昭和38年1月、敬三によりデンマークから届いた酵母が酵母培養器に注入され、ビール製造が開始された。目標とする味はデンマークタイプの「クリーン・アンド・マイルド」で、同年4月に武蔵野工場（府中市）の竣工式が行われた。

そしていよいよ昭和38年3月、社名をサントリーと改称してロゴも一新し、4月にビールを発売した。課題の流通については、故・信治郎の竹馬の友であった朝日麦酒社長の山本為三郎の協力で、同社の一ブランドとして発売することとなった。保証人に東洋製罐会長・高碕達之助、大阪毎日新聞会長・本田親男が付いたことも大きな後ろ盾となった。デンマークで醸造その他のビール事業各分野を学んだ社員を前面に出す広告や、バイキング姿のアンクル・トリスも新製品の発売を盛り上げた。発売直後は好評ですぐに品切れとなった。

しかし苦しい長期戦となることを予想していた敬三は浮き足立つ社内に、日露戦争の東郷平八郎によるZ旗の檄にちなむ「サントリーの興廃は、この一戦にかかっています。各位一層の奮励を切に望みま

デンマークからの酵母を自らの手でタンクへ、ビールづくりがスタート　昭和38年（1963）（サントリー提供）

ビール発売時の広告　昭和38年（1963）（サントリー提供）

デンマークにちなんだデザインの武蔵野工場竣工記念のジョッキ　昭和38年（1963）（個人蔵）

発売時のサントリービールのラベル　昭和38年（1963）（サントリー提供）

アンクル・トリスと乾杯するビールのキャラクターバイキング　昭和38年（1963）（サントリー提供）

す」という直筆の檄文を張り出した。案の定、ゴールデンウィーク中に一度品切れを起こしたことがブレーキとなり、「サントリービール」は「色が薄い」、果ては「ウイスキーくさい」との酷評を受けた。薄いのはデンマークタイプを選んだ当然の帰結であるが、後者は誹謗中傷以外の何物でもない。

むしろ苦境は敬三からしてみれば、望むところであった。意図した通り、危機的状況に社員が一丸となって立ち向かった。営業ではバー、レストラン、料亭といった流通の川下から掘り上がる作戦を取り、そのための精鋭部隊として社外からもリクルートした通称"新撰組"を組織した。ビール宣伝課には開高・柳原・坂根等が配属された。昭和51年には「全社員セールスマン作戦」として、全社員が店頭販売に立ち、敬三も例外ではなかった。この頃、敬三は若手営業マンと顔を合わせると「君はビールが売れる顔しとるな！」と声をかけるのが常となっていた。社員心理を読んだ一種の暗示か、社内は活力に満ちていたという。

「生ビール戦争」

サントリービールは品質の点において、ビアホールの生ビールが好評だったことから、その歩みは「生」追求の一筋に定められる。昭和42年（1967）4月、サントリーは「純生」を発売し、同年8月だけで前年比4倍の売り上げを記録し、同年のシェアは前年の1.7％から3.2％に上昇するヒットとなった。これに他社が追随して瓶詰の生に参入し、昭和43年にアサヒが「本生」、同52年にサッポロも「びん生」を発売した。「生ビール戦争」の勃発である。「生ビール」によって、昭和40〜50年代にシェア5割を超えていた「キリンラガー」に「生」で対抗しようというのが、各社の思惑であった。

そもそも「生ビール」とは何か。その定義をめぐって、サントリーに対して他社が批判を繰り広げたのが「生ビール論争」であった。昭和44年、他社は生ビールは酵母が生きていなければならない、酵母を取り除いたサントリービールは生ビールでも純生でもないと批判した。アサヒ「本生」は珪藻土濾過装

「純生」発売時の新聞広告　昭和42年（1967）（サントリー提供）

「純生」のラベル（ケンショク「食」資料室所蔵）

置、サッポロ「びん生」も珪藻土濾過後に素焼きの濾過器を使用するもので、生きた酵母を含んでいた。

一方のサントリー「純生」は、NASA（アメリカ航空宇宙局）が開発したミクロフィルターで、役目を終えた酵母を取り除いたものであった。そもそもそれ以前に武蔵野工場はバクテリア等の微生物管理（サニテーション）を重視し、酵母以外の微生物排除を徹底していたため、酵母の有無が生ビールの要件

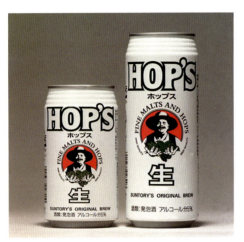

ホップス〈生〉 平成6年(1994)(サントリー提供)

初めてのプレミアムビール、サントリーメルツェンビール 昭和52年(1977)(サントリー提供)

になるとは考えていなかった。キリン「ラガー」のような、1862年にパスツールが開発した低温殺菌法による熱処理をしたビールに対し、熱処理をしないものが生ビールであるというのが、サントリーの主張であった。

昭和54年、公正取引委員会告示第60号として「生ビールおよびドラフトビール＝熱による処理をしないビールでなければ、生ビール又はドラフトビールと表示してはならない」とされ、最終的にはサントリーの主張が認められた。

その後の業界は、ドライ商品が席巻するドライ戦争に突入する。昭和62年3月にアサヒがすっきりした辛口の「スーパードライ」発売し、ヒットさせたことが発端である。翌年2月には、「キリン生ビールドライ」、「サントリードライ」、「サッポロ生ビール★ドライ」と各社のドライビールが出揃うことになるが、「スーパードライ」がドライ市場50％を占めて完勝したといえる。

ドライ戦争以後、自社の代表的銘柄に全力を挙げる時代から、多様化する消費者の嗜好に合わせた中味開発戦争に転換し、個別ブランド競合時代へと推移した。サントリーは昭和61年3月、「自然の恵みのビール」をコンセプトに、麦芽100％の従来よりもコクのある味わいの「モルツ」を発売した。さらに平成7年(1995)、「モルツ」を根本的に見直し、「うまさ」と「爽快さ」をあわせ持つキリッとした味わいを実現した新「モルツ」を世に出した。「麦100％だから泡までうまい」のメッセージ、30〜40代前半を主なターゲットとする「モルツ球団」のCMでも話題となった。

さらにはバブル崩壊後の低価格志向と市場の二極化に対し、発泡酒とプレミアムビールで業界を牽引した。平成6年、日本初の発泡酒として、「安くてうまい」をキャッチフレーズとする「ホップス〈生〉」発売した。酒税が低い比率まで麦芽を抑えて低価格を実現した発泡酒は好評で、市場には他社も参入し、平成15年にはさらに税率の低い第3のビールまで登場することになった。一方のプレミアムビールでは、昭和52年にドイツのオクトーバーフェストにちなんだ麦芽100％の初のプレミアムビール「サントリーメルツェンビール」を発売した。平成元年にはパイロットプラント（試験用にビールを少量生産する工場）の成果として「モルツ・スーパープレミアム」が多摩地区で限定発売され、平成13年に商品化され人気を博す「ザ・プレミアム・モルツ」の先駆けとなった。

サントリーのビール事業は長らく万年4位に甘んじていた。それが発泡酒・第3のビール・プレミアムビールの成功により、平成20年に初めてビール事業が黒字化し、シェア3位に抜け出すことができた。敬三の息子で現在の会長・信忠いわく「おやじは、ビールに進出してから、がらっと変わりましたね。外向的で明るくなった。書斎派でとおすわけにはいかなくなった。社交を意識するようになったのでは

第 2 章　市場に挑み、流行を生む経営者

社内報「まど」昭和50年4月「超酒類企業をめざして」
昭和50年（1975）（サントリー提供）

ないかな」と、人が変わったようにビール事業に邁進した努力が、21世紀になってようやく結実したといえよう。

「超酒類企業」

　敬三の挑戦としては他に、海外進出と「超酒類企業」への脱皮がある。海外へは昭和37年（1962）、サントリー・デ・メヒコを設立し、メキシコでウイスキー生産と本格的和食レストラン「サントリー・メキシコ」を出店した。現地要人パーティーで人気となり、世界各地のレストランはプレステージの高い日本料理屋としての世評を得た。

　昭和48年、新社是を発表した。「人間の生命の輝きをめざし　若者の勇気に満ちて　価値のフロンティアに挑戦しよう／日日あらたな心　グローバルな探索　積極果敢な行動」と、開拓者精神、挑戦の心を改めて確認するものとなった。社是はわずか5年前に「一、開拓者精神。二、品質本位。三、海外発展」へと改定されたばかりであったが、この年は石油ショック、高度成長から低成長への転換、日本経済の先行き不透明といった社会不安が増大していた。

　この頃、敬三は会社の方向性について模索していた。『サントリー90年史』（平成2年）において、創業70周年からの20年間の大きな変化について問われた敬三は、「酒オンリーの会社から、何をやっているのかわからんような会社にだんだんしていこう、ということですな。それから、世界的な広がりをもった会社にしていこう。そんなふうに漠然と頭に描いていましたね」と答えている。

　昭和50年4月、新たな基本目標を定めた五か年計画が策定され、会社の新しいビジョンを「超酒類企業への脱皮」と明示した。ウイスキー、ビール、ワインを柱とする体制に加え、特に食品部門の徹底的強化を打ち出し、洋酒営業本部・ビール営業本部に並ぶ食品事業本部が新設された。

47

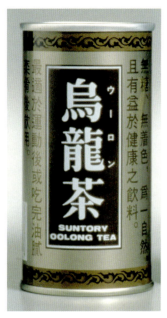

ウーロン茶缶　昭和56年（1981）
発売（サントリー提供）

　昭和47年に設立されたサントリーフーズは、「サントリーオレンジ50ダブルサイズ」（400ml瓶）「サントリーUCCコーヒー」「はちみつレモン」「鉄骨飲料」等の新製品を次々に発売し清涼飲料市場のシェアを拡大、昭和56年12月発売の「ウーロン茶」（缶）がヒットして食品事業部門は全体として初めて黒字化した。缶に入ったお茶を誰が買うのかとの否定的意見をはねのける、大ヒットであった。その裏には、担当者が福建省茶葉進出口公司から名誉茶師の称号を授与されるほどの、本格志向があった。

　清涼飲料では独創性を重視し、他社の追随を許さない製品開発を目標に、基幹ブランド群の拡大に努めた。平成4年6月、渋川市に飲料専用工場となる「榛名工場」を完成させ東日本最大の生産拠点を築くと、「デカビタC」（1992）、缶コーヒー「ボス」（1992）、乳性飲料「ビックル」（1993）、炭酸飲料「C.C.レモン」（1994）、「なっちゃんオレンジ」（1998）と相次いで主要ブランドを生み出した。ミネラルウォーターはサントリーが1970年代から業務用市場に提供してきた。平成8年11月に専用工場「南アルプス天然水白州工場」が完成し、「南アルプスの天然水」を市販して市場のトップブランドに躍り出た。

　話を海外に戻すと、M&Aでは収益性のいい既存企業を買い取り、サントリーの手で磨き上げる海外戦略を展開した。昭和55年にはペプシ系ボトラー会社のペプコム社を1億ドルで買収した。当時、日本企業による米企業買収例では、過去最大のものであった。中国では昭和59年、中国のビール業界では初の合弁となる合弁会社「中国江蘇三得利食品有限公司」を設立した。この合弁はフランスの会社との商談が進行していたが、国家副主席・王震の一声でサントリーに切り替わる。というのも、サントリーが昭和56年以来支援する北京マラソンにおいて、ある年のスタートセレモニーで敬三が中国語で挨拶したのを王が耳にしてからか、サントリーびいきとなったからであった。敬三のサービス精神が商機を呼び込んだ好例である。

　昭和61年頃、世界のトップ酒類企業によるグローバルな合従連合の動きが相次いだ。ギネス社がDCL（「ジョニーウォーカー」「ホワイトホース」）を、イギリスのビール・食品会社アライド・ライオンズ社がハイラムウォーカー社（「カナディアンクラブ」）を、翌年には同じくイギリスのグランドメトロポリタン社が米のヒューブライン社（「スミノフウォッカ」）を買収した。その結果、サントリーは「I・W・ハーパー」「マーテル」「ヘイグ」「ピンチ」等の主力ブランドを失うことになった。そこで同63年、サントリーは門外不出だった株式の譲渡を引き替えにアライド・ライオンズ社と資本・業務提携し、スコッチの「バランタイン」、コニャックの「クルボアジェ」、カナディアンウイスキー「カナディアンクラブ」、スピリッツの「ビーフィータージン」、リキュールの「カルーア」等の輸入販売を手にした。平成元年にはアイラ島のボウモア社に資本参加し（のち100％子会社化）、コニャックの名門ルイ・ロワイエ社を買収するなど、グローバルな動きに対応した。今やサントリーグループはヨーロッパ94社、アジア・オセアニア71社、アメリカ52社の計299社を擁す、日本を代表するグローバル企業に成長した。

5 騎士・佐治敬三

「金曜日はワインを買う日」

　ワインは今や日本人が嗜好する酒類のなかで、完全に市民権を得た存在となっている。しかし今から50年ほど前の昭和47年（1972）の時点で、ワイン業界は前年比で115.3％の伸びを示してはいたものの、酒類の総消費量に占める割合がアルコール換算でわずか0.1％に過ぎなかった。この年、サントリーはワインの需要拡大を図り、「金曜日はワインを買う日」をテーマにワインのある生活を呼びかけるキャンペーンを展開した。背景に週休2日制の広がりがあり、ワインに静かに火がついた。山梨ワイナリーでは「サントリーワイン大学」を開講し、翌年には日本初のワイン情報センター「ワイン相談室」を広報部内に開設した。

　1990年代に入ると、バブル経済後の消費低迷で「よいものを納得できる価格で買いたい」という消費傾向、円高メリットによる輸入ワインの価格低下、手頃な価格のワインの登場により一気に需要を伸ばした。サントリーと国立健康栄養研究所との共同研究で、赤ワインに動脈硬化の予防や脂肪吸収抑制効果が発見され、世界的にも赤ワインブームが巻き起こった。日本におけるワインユーザーの裾野が一挙に広がったといえよう。地道な取り組みの結果、サントリーは1990年代のワインブームを呼び込むことに成功した。

ブドウ栽培と貴腐ブドウ

　そもそもサントリーが扱う酒類のなかで最も長い歴史を有するのがワインであり、「赤玉ポートワイン」という混成ワインを通じて日本人の舌になじませていった。ワインの原料となるブドウ栽培についても戦前から、先行するブドウ園を継承し育てていった。

　岩の原葡萄園（現・上越市）は豪雪地帯の農閑期産

日本で最初の貴腐ワイン　昭和53年（1978）
（サントリー提供）

「金曜日はワインを買う日」の新聞広告　昭和47年（1972）（サントリー提供）

業育成のため、地主の川上善兵衛が明治23年（1890）に開設した、現存する日本最古のワイナリーである。川上はメンデルの遺伝法に基づき独学でブドウの品種改良の研究を重ね、日本を代表する醸造用品種となるマスカット・ベーリーAを昭和2年（1927）に開発し、同7・8年には『実験葡萄全書』全3巻を刊行している。同9年、戦争の予感から原料を国内に求めていた寿屋が、醸造学の権威・坂口謹一郎の紹介により同園の経営を引き受けることになった。その3年後、浪高高等科に進学した敬三は弟と2人で約1か月間を同園で過ごした。善兵衛から品種開発の気の遠くなる年月と労力を知り、農学部を志望するなど、多感な時期の貴重な体験の場となった。

登美農園（現・登美の丘ワイナリー）は明治37年、小山新介が山梨県巨摩郡双葉町（現・甲斐市）の郊外の登美高原に開設し、ドイツ人技師ハインリッヒ・ハムの指導でドイツ式のワインづくりを開始した。しかし昭和に入ってから経営に行き詰まり、昭和11年に同じく坂口の協力で寿屋が入手した。寿屋は周辺の開拓を進め、山梨農場として日本最大規模の葡萄園に育てた。1950年代からヨーロッパ系高級ワイン用品種の栽培を始め、多雨多湿な日本では不可能とされたカベルネ・ソーヴィニヨン、シャルドネ、リースリング等の育成に成功した。昭和61年に発売を開始したカベルネ・ソーヴィニヨンを原料とする赤ワイン「登美」は、ボルドーの佳品に匹敵十分と評された。

同園で特筆すべき成果は、貴腐ブドウの収穫に成功したことである。貴腐とは、ブドウ果粒の糖分が高くなった後、通常は腐敗菌として恐れられるボトリティス・シネレアという菌が繁殖し、ブドウ果皮のロウ質が溶かされ顆粒中の水分が蒸発し、糖分が著しく濃縮される現象をいう。貴腐ブドウを使った貴腐ワインは、素晴らしい香り、なめらかで甘美な風味でコクのあるワインとなる。太陽・雨・風・土・微生物等の条件が揃い、人の技が加わって誕生するものであるため、ドイツのライン・モーゼル地方、フランスのボルドー・ソーテルヌ地区等、世界でも産地は少なく、高温多湿の日本では絶対に不可能とされていた。ところが昭和50年秋、山梨ワイナリーで貴腐ブドウ誕生した。農場長の大井の深い学識と探究心が、発見につながった。3年後、貴腐ワイン「ノーブルドール1975」を1本5万円・158本、「ノーブルダルジャン1975」を1本2万5千円・1380本発売した。糖分は20％にもなったという。

伝統のワイナリー

敬三が社長となってからは、ヨーロッパの伝統的ワイナリーの継承にも乗り出す。かねてからフランスのボルドーにブドウ畑を持ち、世界のワインづく

シャトー・ラグランジュ（サントリー提供）

りを知りたいと考えていた敬三は、昭和49年（1974）にシャトー・カイヤベに注目した。クラスは低いが小説家アナトール・フランスが関係していた蔵元で、地元の予想外の反対に遭う。新聞にはまるで日本人が野蛮人種として描かれ、「文豪の畑に日本人の土足を許すな」との激烈な文字も躍り、手を引かざるを得なかった。

だが昭和58年、スペイン人の前オーナーに見捨てられブドウ畑が荒廃しきって買い手が見つからない状況にあったシャトー・ラグランジュの買収に、サントリーは成功する。買収額と同じほどの資金を投入して再生を図り、大々的な設備投資を行うと、まもなく成果が現れた。多くのワイン専門家たちが、シャトー・ラグランジュのワインの変わりように賛嘆の意を表明した。地元の人々は新しい城主の敬三とそのスタッフを歓迎し感謝していると、「ウォール・ストリート・ジャーナル」1989年11月3日付が報じる。平成3年（1991）末、アメリカのワインスペクテーター誌による品質評価では、世界第4位にランクインした。

昭和59年、敬三はボルドーの銘醸地メドック地区とグラーヴ地区にあるシャトーオーナーからなる「ボンタン騎士団」（ボンタンとは丸い木の椀、おりびきのための卵の白身をとくのに用いる）の正会員となった。これ以降、敬三は銘醸ワインのオーナー達との親交をますます深めていった。

ドイツの銘醸地ラインガウにあるロバート・ヴァイル醸造所は、ドイツ最後の皇帝ヴィルヘルム2世が白ワインをこよなく愛したことで知られる。昭和63年、サントリーは同所の経営を引き継いだ。若き当主ヴィルヘルム・ヴァイルのビジョンを全面的にバックアップして、貴腐ワインやアイスヴァインの品質の高さは超一級と謳われるまでになった。

平成元年、サントリーはフランスの大手保険会社GMFグループの申し出により共同出資でシャトー経営を目的とする合弁会社を設立した。傘下にボルドーのグランクリュ、シャトー・ベイシュヴェルや古くから評価の高いシャトー・ボーモン、貴腐ワインで世界的に名高いハンガリーのトカイ地方のワイナリーを置いた。

平成2年、敬三はブルゴーニュのシュバリエ・ド・タートバン（利き酒の騎士団）の正会員に叙任された。平成4年にはブルゴーニュのドメーヌ・ド・ラ・ロマネ・コンティと提携した。わずか畑1.8haだがローマ時代から2千年以上の歴史を持つ世界最高峰のワインであり、サントリーはボルドーとブルゴーニュにおける最高峰の赤ワインを日本市場に供給する窓口となった。

ボンタン騎士団入団式と佐治敬三　昭和59年（1984）（サントリー提供）

6 財界人・佐治敬三

2代目社長の自覚と挑戦

　本章ではこれまで、敬三の社業における活躍を述べてきた。日本を代表する洋酒メーカーの御曹司から社長となり、数々の挑戦と成功を成し遂げてきた敬三に対し、財界からの期待も大きかった。

　敬三の財界デビューとなったのは、昭和24年（1949）、浪高尋常科の友人・小野一夫（のちの日本香料薬品社長）の推薦で入会した大阪工業会・新人会であった。同会では森下仁丹の森下泰、ダイキン工業の山田稔とともに三羽がらすと称され、活躍した。

　そしてこの新人会三羽がらすが準備に奔走し昭和25年に創設されたのが、大阪青年会議所である。初代理事長は徳永博太郎（徳永硝子）で、大阪工業会の二世経営者を中心に結成された。設立趣意書には「祖国のあやまりなき再建と而して世界平和の実現に、いささかなりとも貢献する処あらんと企図する」とあり、「奉仕」「修練」「友情」の三信条の下で明るい豊かな社会の実現を目指すという理念が掲げられた。これについて元サントリー広報部長の小玉武による敬三の伝記では、戦前の青年団運動が青年会議所のルーツに関係するという。敬三が浪速高校時代、留年中に教師・佐谷正から差し入れられた大日本連合青年団機関誌『青年』を読み「修養団」活動に参加したことが影響しているとみる。敬三は昭和29年7月〜31年12月に第5・6代理事長を務め、同30年には社団法人化に尽力している。また国産品愛用運動の提唱、世界大会での「核の使用禁止運動」の提案等、世界平和と日本経済の再建を、同会を通じて実現しようとした。

　昭和38年4月設立の日本YPO（ヤング・プレジデント・オーガニゼーション・ジャパン・チャプター）では、創設以来、関西を代表する青年社長の一人として中心的役割を果たした。YPOとは毎年国内での研鑽と親睦、海外との交流活動を行う国際団体で、ニューヨークに本部を置いていた。会員資格は世界共通で、50歳までの青年社長および一定規模以上の会社・法人代表者（40歳までに就任）で、会員2名の推薦を受け満44歳までに入会し、満50歳を迎えると卒業となった。昭和30年頃、アメリカのYPOから日本での結成の誘いがあり、敬三はフジタ工業・藤田一暁等と語らって日本支部の発足に向け動いた。そもそも厳しい会員資格から該当者は日本にはそう多くなく、敬三は自然と関西代表の役割を担うこととなった。昭和37年11月8日、赤坂の料亭「千代新」での設立準備委員会が事実上の発足となり、翌年4月15日に発会式が開催された。敬三はチャーターメンバー54名のうち、堤清二（セゾングループ）・藤田一暁・森下泰等とともに昭和37年中に入会した。昭和39・41年度は副会長、同42・43年度は会長を務め、同45年に卒業となった後は、名誉会員・名誉会長（昭和51〜平成2年度）として遇された。

　日本YPOの活動は、月例会・親睦会・夏期大学・

YPOを卒業する佐治敬三（右から2人目）　昭和45年（1970）
（『躍進するYPO　日本YPO創立10周年記念』より転載）

外国セミナー・スキー・ゴルフ等、多岐にわたり、若手経営者が切磋琢磨する場として機能した。敬三は昭和39年頃、サントリービールを発売し武蔵野工場に会員を招待したが、「売れねえよ」といった厳しい意見を寄せられた。一方で、鈴木哲（保谷硝子）によると、ビール事業挑戦は社長のための教育になったという。また女性の地位が低く見られ、社会進出が阻まれていた日本のYPO特有のあり方に、夫人同士の活発な交流がある。毎年の国際社長大学は夫人同伴での参加であり、その他、夏期大学・夫人セミナー・クリスマス会など会員相互の家族ぐるみでの交流がなされた。

YPO資格の年齢制限のため、50歳以上を対象としたNPO（日本社長会）、ついで敬三の提唱による70歳以上のSPO（スーパー・プレジデンツ・オーガニゼーション）が結成された。平成24年（2012）に日本YPO創立50周年の記念式典と記念コンサートが開催され、佐治信忠が当時のNPO会長でもあったことから、会場にはサントリーホールが使用された。

日中国交正常化の筋道

今やGDPで日本を遙かに抜き去り世界第2位の経済大国となった中国は、日本経済における重要性をますます高めている。しかし日中間の国交正常化がなされたのは昭和47年（1972）で、戦後から30年が経過しようかという時期であった。この政府間レベルの交渉に先んじて、関西財界は独自に訪中団を派遣したという驚くべき事実があり、敬三は関西経済同友会の代表幹事として訪中の主導的役割を果たしている。ここでは同友会での活動から述べていきたい。

関西経済同友会は昭和21年、若手経済人有志が日本経済の堅実な再建を標榜して設立され、新しい時代を切り拓く政策提言集団を自任する。敬三は昭和45年4月〜47年3月に同会の代表幹事を務めた。就任に際し、大阪工業会以来の同志である森下・山田・古市実（特殊機化工業社長）・能村龍太郎（太陽工業社長）等が盛り立て、サントリー総務課長の平木英一（時事通信社出身）が知恵袋として付き従った。

訪中関西財界代表団（手前から8人目）　昭和46年（1971）
（『社団法人関西経済同友会五十年史』より転載）

昭和46年、米中が接近し中国の国際社会復帰が問題となるなか、敬三は関西が音頭を取って日中の経済・文化交流の道を切り開くべしと主張し、同和火災海上保険会長の大月高を座長とする中国問題懇談会を4月に設置した。7月8日、懇談会は中国に対する基本的態度や東京の政財界の姿勢を分析した中間答申案「中国問題に関する中間報告」（大月論文）を提出した。7月16日にニクソン・米大統領が訪中声明を出すと、8月2日の京阪神同友会夏季会員懇談会において、敬三は「日中国交回復に向かつて」と題して大月論文を敷衍し「われわれは関西財界による訪中ミッションの編成を逡巡しない」と演説した。これを報道では「中国の国連参加支持、経済団体初の態度表明」と伝えた。

8月20日頃には関西財界5団体の代表団の輪郭が姿を現し、ついに9月15日、在阪経済5団体と日本国際貿易促進協会関西本部からなる訪中関西財界代表団（団長は大商会頭・近鉄社長の佐伯勇）が訪中を果たした。林彪の反乱・逃亡事件の最中にも関わらず、首相の周恩来との会談にも成功した。日本政府は翌年9月29日に首相の田中角栄が訪中し、周との日中共同宣言によって国交が結ばれた。外交問題で経済界、しかも大阪の財界が政府を超えて外国要

訪中関西財界代表団（敬三は2列目右から5人目。前列右から5人目が周恩来）　昭和46年（1971）
（『社団法人関西経済同友会五十年史』より転載）

人と会合した希有な事例といえよう。その後、サントリーは中国でのビール事業の合弁や、缶ウーロン茶の販売を行うなど、国交正常化の恩恵に浴した。

関西から世界へ

次に敬三が経済団体で幹部を務めたのが、関西経済連合会（関経連）である。関経連は昭和21年（1946）8月に日本経済連盟会が解散して経済団体連合会（現・日本経済団体連合会）が発足した翌々月、関西で設立された。常に関西全体を意識し、委員会等での企業人の活発な議論を源泉に、先取性や独自性に富んだ調査研究活動を行い、これに基づく政策提言や実践的アクションにより、関西から日本経済の発展をめざしていくことを使命とする。

敬三は昭和37～45年に理事、同45～52年に常任理事、昭和52年5月～同57年1月に副会長を務めた。同45年に関経連は「関西新国際空港建設推進協議会」を発足させたが、第2期工事が第1期と同じく民間からの資金を得ての民活方式とされたことに敬三は反対し、民間出資分の圧縮に尽力した。その一方で、新空港の必要性を訴える広告スタッフに、サントリー宣伝部の部員を提供して支援した。関経連にまつわる逸話として、関経連主催の関西財界セミナーで経団連会長の稲山嘉寛（新日本製鐵会長）が「鉄は国家なり」と発言したことにかみつき、「鉄が国家ならサントリーのような"ウォータービジネス"（水商売の意）も、ワコールのような"エアービジネス"（デザインで勝負する商売）も国家なり」と発言して物議をかもしたことがあった。生活文化企業として、生産一辺倒、ハード偏重の社会に対する抗議の意味が込められていた。

そして最後が大阪商工会議所（大商）で、昭和56～60年に副会頭、同60年～平成4年（1992）に会頭を務め、その後は顧問に就任した。会頭就任の際、通産省産業政策局長（当時）の福川伸次がこれからの産業振興のキーワードとして提唱した「美感遊創」のキャッチフレーズをよく引用した。敬三はそれを平成元年に次のように解説している（『まど』佐治敬三会長追悼号）。

「美感遊創」の「美」、これからの時代は生活全般にわたり、美への願望はますます高まるでしょう。「感」とは、感性、感情、共感といった、理論、理性を超えたエモーショナルな心の動きです。「遊」は、人生を楽しく、生き生きとさせる根幹です。「創」は自分らしい生き方、創造の喜びを実感することが、すなわち、生きている実感につながると思います。

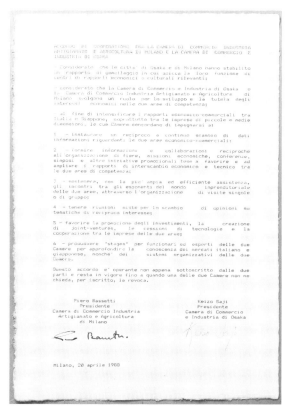

佐治敬三が署名したミラノ商工会議所との協定書
昭和63年（1988）（大阪商工会議所所蔵）

これは浪高時代に感化された河合栄治郎の「真善美聖」にも通じるもので、生活文化企業としてその価値観を提供し、豊かな生活文化の形成に貢献するという志の表れであった。敬三が特に注力したのが、国際化である。東京の商工会議所と比べ「国際化」の遅れを痛感し、8回の経済使節団団長を務めた。また世界15か所（オークランド、ブリュッセル、モントリオール等）の商工会議所と提携を結び、協定書に調印した。昭和60年には日本商工会議所の訪中団100名の一人として訪中した。そこでは鄧小平が改革開放以外に中国発展の途はないと熱っぽく語ると同時に、政権は断固として社会主義だと述べ、団員一人一人の手を取って「私と握手した人は、必ず一つ以上の合弁会社を設立しなければなりません」と言ったという。平成元年11月には、大阪・神戸・京都の商工会議所が協力し、日本初の国際的総合ファッション・イベント「ワールド・ファッション・フェア」（WFF）を開催した。敬三は「ワールド・ファッション・フェア」推進協議会の会長として、副会頭・小林公平（阪急）をプロデューサーに指名し、パリ・リヨン・ミラノ等の世界的ファッション企業の参加を取り付けた。平成元年、府・市・関経連・大商のトップからなる大阪国際会議場建設推進協議会が発足し会長となった。府立国際会議場は平成12年4月にオープンした。平成2年10月には、海外と日本企業の貿易・投資の案件を事務局がアレンジする個別商談会「世界ビジネスコンベンション（G-BOC）」を開催した。G-BOCはその後毎年秋に開催される、国際ビジネスを推進する上で不可欠のイベントとして内外で高い評価を得た。

商工会議所内に向けては、昭和61年度から3か年で会員を2万7351から4万に増やす「会員増強運動」を計画し、組織強化推進本部長として平成元年4月に4万271会員に到達した。平成元年、多極分散型国土形成の先導役を担おうと西日本2府14県の商工会議所に呼びかけ、瀬戸内船上会議を開催している。翌年の第2回船上会議では「環瀬戸内圏交流推進会議」を設置し、代表世話人に就任している。

ところで敬三の生涯唯一の汚点ともいうべき「熊襲（くまそ）発言」が飛び出したのが、昭和63年の近畿商工会議所連合会シンポジウムであった。首都移転の可能性を問われ、「熊襲」の東北よりは関西に移転すべきと述べた。この発言がTBS「報道特集」で全国に流れ、東北6県の自治体・経済団体・酒類業界から抗議を受けた。すぐさま知事・商工会議所会頭にお詫び行脚に出向いて、関西愛が強すぎるがゆえの失言であったことを陳謝し、火消しに奔走した。

また大商会頭としては昭和61年に設立された「財団法人国際花と緑の国際博覧会協会」（会長は稲山嘉寛・経団連会長）の会長代行に就任している。敬三と万博との関係は、大阪万博に始まる。昭和41年に日本万国博広報専門調査委員に委嘱され、昭和45年の大阪万博会場には、酒類業界としてサントリーが唯一単独で出展した。サントリー館は「生命（いのち）の水」をテーマに、5階建てビルに相当する縦17m、横16mの6面マルチスクリーンで雄大に描く映画『生命の水』が、圧倒的迫力で観客の度肝を抜いた。ソ連館のレストラン「モスクワ」を共同経営し、サントリービール「純生」を7千5百ケース

大阪万博のサントリー館全景　昭和45年（1970）（サントリー提供）

売り、単独レストランとして最高の売り上げを記録した。この経験が外食事業進出のきっかけにもなった。その後、沖縄国際海洋博覧会（昭和50年）、神戸ポートピア博覧会（同56年）、科学万博つくば'85（同60年）、国際花と緑の博覧会（平成2年）等にサントリーは積極的に参加していく。

21世紀の関西を見据えて

　昭和54年（1979）、サントリー文化財団にて堺屋太一から4年後の「大阪築城400年まつり」開催の構想を打ち明けられた敬三は、大いに賛意を示した。堺屋は通産省の官僚時分に大阪万博を担当し、イベント・オリエンテッド・ポリシー（行催事誘導政策）を主唱する経済評論家である。同56年4月、大阪府知事の岸昌、大阪市長の大島靖、関経連会長の日向方齊、大商会頭の佐伯勇、日本万国博覧会記念協会会長の芦原義重の5者が会談し、「大阪築城400年まつり」開催で全会一致した。背景に、東京一極集中により地盤沈下が進む大阪の未来に対する危機感があった。翌年4月、府・市・関経連・大商が中心となって、国際的で文化的な「世界都市・大阪」の創生を目指す「大阪21世紀計画」の推進母体として、財団法人「大阪21世紀協会」が発足した。会長に松下幸之助（松下電器産業取締役相談役）を迎え、敬三は前年から梅棹忠夫（国立民族学博物館館長）とともに企画委員会座長として活動を始めた。翌月には「自由・活力・創造　大阪2001」を統一テーマとする「大阪21世紀計画」が策定され、下記のイベントの開催と施設の建設・誘致が計画された。

〔行事〕大阪築城400年まつり、大阪市・堺市等の市制100周年記念行事、国際デザインフェスティバル、姉妹都市会議、国際見本市、国際マラソン
〔施設〕関西新国際空港、産業貿易センター、迎賓館、国際会議場、産業技術史博物館、千里国際学術文化施設、国立文楽劇場、大阪城国際文化スポーツホール

　昭和58年10月、大阪築城400年まつりが開催された。オープニングの「御堂筋パレード」は毎年秋のイベントとして恒例化した。中核イベントの「大阪城博覧会」と「中国秦・兵馬俑展」は好評を博し、博覧会開催のために大阪城公園駅が開業した。サントリー主催の「一万人の第九コンサート」も400年ま

つりの一環として開催された。

その後も21世紀協会は「国際花と緑の博覧会」（平成2年）、関空開港（同6年）、大阪城カウントダウンフェスティバル（同13年）のイベントに関与し、敬三は平成5年3月～11年11月に第3代会長を務めた。同協会は産官学が一体となり、文化による都市の活性化──『文化立都』の気運醸成に向けて活動を続け、21世紀に入ってからは「水都大阪の再生」「文化創造」「大阪ブランドの向上と発信」を柱に活動している。平成24年に公益財団法人へ移行し、翌年に上方文化芸能事業、翌々年に万博記念基金事業を継承しアーツサポート関西事業を開始している。

平成2年12月、「21世紀の関西を考える会」の設置構想が、関西経済同友会の情報化社会委員会から提言された。翌年2月の関西財界セミナーにおいて設置の推進が大会決議として採択され、翌々年1月に設立準備のため「21世の関西を考える会」企画懇談会が設置された。平成7年4月、21世紀の関西の発展に資するため、広く英知を結集し、中長期的観点から研究・提言を行い、そのための関西のグランドデザインやその戦略・手順の策定、啓発・広報を行うシンクタンク「21世紀の関西を考える会」が発足した。代表委員には敬三の他、京大総長の井村裕夫、阪大総長の金森順次郎、三和銀行相談役の川勝堅二、関電会長の小林庄一郎、住友金属工業会長の新宮康男、神戸大学長の西塚泰美が選出され、敬三が座長として平成11年に死去するまでその任にあった。同会は近畿2府7県の企業トップや学識経験者・自治体関係者約160人で組織され、会員企業に53社が加わった。

この年1月に阪神・淡路大震災が発生したこともあり、当面は災害に強い都市作りが検討され、平成12年末までを目途に活動を続けた。最終的には関西連合（KU）（国内を9ブロック、関西ブロックは約480市町村を31市に再編）、人形浄瑠璃の復興をめざした「総合芸術フェスティバル」、世界の食の情報拠点「食遊館」等、25の提言・報告をまとめ解散した。

提言のうちKUが道州制の議論として検討が続けられたように、21世紀に継承されたものもあるが、立ち消えとなったものも少なくない。大阪21世紀協会を含め、関西の英智を結集して様々なアイデアが提示されたことは評価されるものの、それを実行・

「21世紀の関西を考える会」発足を伝える新聞記事　平成7年（1995）
（『21世紀の関西を考える会　6年のあゆみ』より転載）

自由社会研究会懇親会の集合写真（前列左2人目から竹下登・安倍晋太郎・宮澤喜一・盛田昭夫、中列左から4人目に海部俊樹、6人目に石原慎太郎。敬三は後列右から4人目）昭和62年（1987）（清宮龍『盛田昭夫・竹下登・フルシチョフ』より転載）

継続するだけの余力が、バブル崩壊後の関西の行政・財界には残されていなかったといえようか。

経済の自由のために

大正デモクラシーの余韻が残る旧制高校で青春時代を過ごし、凄惨な戦場にこそ立たなかったものの軍隊生活の経験を有する経済人として、敬三は平和と自由主義経済を信奉していた。

昭和48年（1973）10月のオイルショックで公正取引委員会は独占禁止法の強化に乗り出し、サントリーが企業分割の対象に挙がった。衆議院の商工委員会に参考人として招致された敬三は、「サントリーにあってはこの私が、マスターブレンダーとしてすべての製品の品質について全責任を負っている。もしサントリーという企業を分割しようというなら、まず私の身体を二つに裂いていただきたい」と演説した。自由主義経済への圧力に対して必死に抵抗し、決して屈しなかった。

昭和52年7月には自由主義体制を守るため、敬三は大阪帝大理学部の2年後輩の盛田昭夫（ソニー）とともに、「自由社会研究会」（自由社研）を立ち上げた。背景には前年の衆院選でロッキード事件の影響により与党・自民党が過半数割れとなり、昭和52年7月の参院選での保革逆転の危機が現実味を帯びていたことがある。敬三と盛田は半年前から準備を進め、自民党中堅幹部・若手財界人・官界OB・学者・文化人57名が決起し、参院選翌日に設立準備会を開いた。政治家は派閥の垣根を越え、21世紀に第一線で活躍できる60歳以下に限定して人選した。同年8月に設立総会を開き、理事長に盛田、副理事長に敬三、理事に大沼淳（文化服装学院理事長）・加藤寛（慶大教授）・黒川紀章（建築家）・千宗室（裏千家家元）・藤田一暁（フジタ工業社長）・松園尚己（ヤクルト社長）・吉国二郎（横浜銀行頭取）、監事に千野宣時（大和証券副社長）・能村龍太郎（太陽工業会長）、事務局長に清宮龍（政治評論家）が就任した。

活動は毎月第1月曜の午前8〜10時、朝食をとりながら国家的課題を討議する勉強会で、メンバーもしくは外部講師（キッシンジャー米国務長官はじめ各国要人等）の報告後に意見交換を行った。自由社研は発足以来、発言はオフレコを掟としたため、本音をぶつけ合うことができた。盛田・敬三はともに「いずれこの仲間で日本を背負うのだ」とよく語り、竹下登・海部俊樹・宮澤喜一・羽田孜・橋本龍太郎・小渕恵三・森喜朗・安倍晋三・麻生太郎の9名の総理大臣（細川護熙は盛田に無断で自民党を離党したため退会）と、豊田章一郎・経団連会長を輩出した。盛田が平成5年に病に倒れてから2年余は敬三が必ず出席して座長を務めた。自由社研は現在も活動を続け、「首相の孵卵器」の異名の通り、隠然たる勢力として政界に影響力を保持している。

第3章

学術・研究になずみ、文化・芸術を愛でる教養人

1 研究所長・佐治敬三

食品化学研究所

昭和21年（1946）、財団法人・食品化学研究所が設立された。所長には敬三が就任し、大学の恩師・小竹無二雄を理事長とした。寿屋入社後まもない敬三は、化学者志望だっただけに「純粋に真理の探究に情熱を燃やす秀れた研究者が寄り集まり、自由にテーマを選び、研究活動に没頭できる、ユニークな施設を作りたい」「戦後の日本は、学問や文化を通じて、世界の平和と繁栄に貢献していくべき」との信念を抱き、設立趣意書には「食品化学ニ関スル研究施設トシテ本法人ヲ設立シ進ンテ正シキ食観念ヲ指導普及スル社会教育的施設トシテ活用センコトヲ期スルモノナリ」と、その目的が掲げられた。

設立当時の状況はといえば、敗戦直後で寿屋自体も戦災から復興しようとする時期にあった。設立資金153万円は全額、寿屋関係者が出捐するもので、敬三の33万円を筆頭に、弟の道夫と甥の信一郎が各30万円、父の信治郎が20万円を寄付した。といっても、敬三と道夫は復員して半年足らず、信一郎は10歳にも満たない少年で、実質100万円超は社長である信治郎の負担であったと考えられる。このような厳しい状況のなか、財団設立に至った経緯については、設立50周年を祝う座談会にて敬三と関係者が明らかにしている。

復員してきた敬三は、化学のための化学、役に立たない勉強への強いあこがれを抱き、信治郎に「こういう財団をつくってくれ」と談判し、「寿屋の仕事と密接に関係のある仕事をやるんだ」と説得した。信治郎は「それはおまえ、ええやないか」と賛同したが、敬三は「化かし合いみたいなもん」と述懐している。敗戦直後に研究所をつくることは、「親父に対する一種の反抗」から来る「非現実的な考え方」

ではあったが、「夢」でもあった。しかし「案外、親父はそういうことにある種の理解があった」と敬三が述べると、久保田尚志（評議員、敬三在籍当時の大阪帝国大学理学部助教授）が「それが所謂、寿屋の哲学だと思うんですよね（「やってみなはれ」）」と応じている。

活動としては、前述した家庭の主婦向けの科学啓蒙雑誌『ホームサイエンス』の刊行に特色が見出せるが、当然ながら研究がメインであった。ペニシリンの微生物合成、発酵促進物質の研究からスタートし、アミノ酸研究等に広がった。所員の広瀬善雄は小竹研究室における敬三の1年先輩で、有機合成にかけては天才的であり、キヌレニン合成で助教授の目武雄を助けて成功に導いた立役者であった。海軍で敬三とともに第一海軍燃料敞に勤務し、敬三に請われて入所した。彼の研究により、ウイスキーから600種類以上の化合物が同定されるという、世界に冠たる業績が生み出された。

研究助成と研究者育成

昭和36年（1961）、敬三は廣瀬に所長の座を譲った。同51年、小竹の後任理事長に目が就任し、所長にコロンビア大学教授・中西香爾を迎えた。これを機に同54年、「生物有機化学およびこれに関連する科学の学術振興をもって人類の幸福と繁栄に寄与する」ことを目的とする財団法人サントリー生物有機科学研究所に名称を変更し、生物有機化学分野での生命現象に関わる基礎研究をもとに、人の健康と環境の回復維持の解を求めて、大学等の研究機関と協働して問題解決に当たった。理事長は敬三が同55年から亡くなるまで務め、平成4年（1992）は所長も兼ねた。平成23年には公益財団法人サントリー生命科学

『ホームサイエンス』 昭和21・22年（1946・47）（ケンショク「食」資料室所蔵）

財団となっている。

　生物有機科学研究所の研究は、生物の生理現象に重要な役割を果たす新奇な化合物の発見、構造解明、化学合成などで特色ある成果を挙げた。一方で、若手研究者の支援に早くから積極的に取り組んでいる点も特筆される。昭和31年から研究奨学金制度として、理工農学部の大学院生約30名および約15研究室に対し、科学助成金の支給を始めた。昭和55年には博士課程修了後の研究者を2年の年限で研究員に採用するポスト・ドクター制度を日本で初めて導入したほか、大学院生のスカラーシップといった奨励助成事業を推進し、海外からも若く優秀な研究者を採用する幅広い人材育成に努めた。

　敬三と研究員との関係については、壁にぶつかった研究員に対し、敬三は示唆的な発言やジャーナルをさりげなく届け、これをヒントに道が開けるということが、少なからずあったという。

新薬と「青いバラ」開発

　サントリーでは寿屋時代の大正8年（1919）に社長直属組織の試験所を設置したように（前述）、早くから製品の品質改良や開発に科学的研究をもって取り組んできた。ここではサントリーの研究活動、特に敬三の意向に沿って始められた、本業の飲料とは直接関わらない分野の研究を取り上げる。敬三に「研究所長」の肩書きが付くわけではないが、会社の最高責任者として実質的な「所長」とみなし、言及しておきたい。

　昭和48年（1973）12月、堂島の本社分館にあった研究所を大阪府三島郡島本町に移転し、中央研究所を開設した。中央研究所はサントリーの研究開発の中核施設として基礎研究、新製品開発、医薬等の新しい事業分野へ進出するための研究・技術開発の拠点となった。基礎研究を大事にするという考えの下、昭和52年に発酵槽の内部を観察する内視鏡の開発、同56年に世界で初めて穀類原料に熱を加えず生のまま発酵させる無蒸煮発酵法の工業化に成功した。

　昭和54年11月、中央研究所内に生物医学研究所を設立し、医薬品研究をスタートさせた。化学者を志した敬三の心のどこかに、人を直接救える医薬への憧憬が潜んでおり、超酒類企業・生活文化企業という将来図を描こうとした時に、医薬への道が自ずと鮮明に姿を現したという。所長は食品化学研究所所長の中西が兼任し、日本曹達や帝人の薬品分野で業績を上げた野口照久を、小竹門下で敬三と同級生の平山健三の仲立ちで、招聘することに成功した。さらに野口の呼びかけで、内外から多数の年若い研究者が馳せ参じ、サントリーの医薬事業の幹部として活躍した。「明るい健康と心豊かな生命感を創る」を基本理念とし、「ニュー・サイエンス」（神経生理学と免疫薬理学）、「ニュー・テクノロジー」（バイオテクノロジー）、「ニュー・リソース」（海洋資源）をテーマに、心循環器系と脳神経系分野や抗がん剤、抗生物質等を研究した。

　昭和55年に先天性代謝異常治療薬「ビオプテン」

の高純度合成に成功し、同56年に抗不整脈薬「サンリズム」を創製、同57年に合成遺伝子による「遺伝子組み換え型インターフェロンγ」（抗がん剤「ビオガンマ」）の発現に世界で初めて成功した。平成3年（1991）、第一号新薬として国産初の抗不整脈薬「サンリズム」を発売し、数年後にはシェア10％にまで成長させた。同4年に先天性代謝異常治療薬「ビオプテン」、抗がん剤「ビオガンマ」を発売、同7年に急性心不全治療薬「ハンプ」、同9年に世界初のペネム系抗生物質「ファロム」を発売した。先天性代謝異常患者は日本に20人ほどしかいない希少疾患だが、「ビオプテン」発売をきっかけに政府が希少疾患用医薬品開発に対する補助制度を発足させており、創薬分野への大きな貢献となっている。なお医薬事業は平成14年に第一製薬とサントリーの共同出資による「第一サントリーファーマ」に分割し、現在の第一三共が継承している。

　花卉の品種開発では平成元年、「サフィニア」を第一号商品として発売した。生育が非常に旺盛で、春から秋まで咲き続け、病気にも強い優れた性質から、園芸ファンの間に爆発的な勢いで広がった。平成4年、第二号商品の「タピアン」発売とともに、花事業部を設置した。

　そして、敬三の夢への挑戦が「青いバラ」の開発であった。バラは古代から世界で最も愛されてきた植物の一つで、人工交配により多くの種類が生み出されてきた。しかし青色だけは実現せず、「blue rose（青いバラ）」は「不可能」「存在しないもの」を意味するようになった。「青いバラ」の開発は「サントリーのDNAである「やってみなはれ」にふさわしい」ということで、平成2年から挑戦を敬三が指示した。そして平成14年、青色色素100％近くを蓄積するバラの開発に、世界で初めて成功した。花言葉は「夢かなう」。残念ながら敬三は既にこの世になく、夢の実現を目にすることが出来なかった。

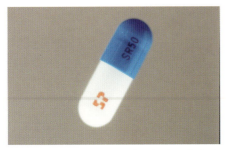

第一号新薬サンリズム　平成3年（1991）発売
（サントリー提供）

サフィニア　平成元年（1989）発売
（サントリー提供）

青いバラ　平成14年（2002）開発（サントリー提供）

2 美術館長・佐治敬三

生活の中の美

　昭和36年11月（1961）、サントリー美術館が東京・丸の内のパレスホテル9階に開設された。皇居前にホテルを建設するに際し、絶好の場所にふさわしい文化施設を併設できないかというホテル側の要望に、社長に就任したばかりの敬三が応えたことによる。この2年前、ヨーロッパを旅した敬三は、小さな町にも美術館や博物館があり、人々が伝統と文化を愛し、楽しんでいることを目の当たりにし、密かに羨望を抱いていた。東京都下の美術館・博物館は10館ほどしかなかった時代である。

　敬三自らが館長となり、顧問に細川護立（国立近代美術館評議員）、高橋誠一郎（東京国立博物館館長）、参与に渋沢敬三（国際電信電話社長）、佐佐木茂索（文藝春秋新社社長）を迎えた。しかしその出発は、美術館としては常識外れのものであった。

　開館の前提となり、今後の展示の主翼を担うはずの収蔵品が、ないのである。国立西洋美術館ですら松方幸次郎（川崎造船所社長）の「松方コレクション」の保存・公開のために設立され、まして企業博物館ともなれば大原美術館（倉敷市）や出光美術館（丸の内）のように、創業家のコレクションを核にするのが一般的である。しかし、父・信治郎には美術品を収集する気はなく、「ただいま収蔵品ゼロ」からのスタートとなった。しかし、そのことでかえって、性格の鮮明な美術館をつくることが可能になった。「生活の中の美」をコンセプトに、「生活の中の美から新しい日本を発見する」美術館を目指した。これは毎日新聞元社長・本田親男のアイデアだったという。

　「生活の中の美」は美術品の収蔵から、個々の展覧会でも一貫して重視された。昭和36年11月の開館記

東京パレスビル9階に設立されたサントリー美術館　昭和36年（1961）（サントリー提供）

念展「生活の中の美術展」は、縄文時代〜江戸末期の生活に密着した古美術品が、食生活の視点から展示された。発足後まもなく収集したのは、北条政子の愛蔵品と伝えられる国宝「浮線綾螺鈿蒔絵手箱」であった。大阪の某有力会社に担保として入っていたものを3千万円で購入したが、敬三は「清水の舞台から飛び降りる」気持ちだったと語っている。

　その後はこれに吸い寄せられるように、漆器の名品が集まっていった。優れた収蔵品が新たな収蔵品を呼び込む、好循環を生んだようである。サントリー美術館は2019年現在まで、国宝1件、重要文化財15件、重要美術品21件含む約3,000件を収蔵するに至っている。海外の美術館が日本の美術展を企画する際

浮線綾螺鈿蒔絵手箱（国宝）13世紀（サントリー美術館所蔵）

には、サントリー美術館の陶芸・漆・染色・ガラス等の工芸は無視できないと言われるまでに、確固たる地位を築いた。

開館記念展後は「花にちなむ生活美術」「古代のアクセサリー」といった独自の展覧会や、メキシコ（昭和43年）、モスクワ（同49年）、ニューヨーク（同53・58年）等で海外展も開催した。特に好評だったのは、初の海外展となったメキシコ展と、返還前年の沖縄展（同46年）である。メキシコ展は会期１か月のところ１か月半に延長して総入場者約７万人を集め、沖縄展は那覇市の人口約30万人（当時）に対し17万人が来場する盛況ぶりであった。昭和58年にはサントリーホール建設に合わせてサントリー音楽文化展「素顔のベートーヴェン展」を開催し、音楽文化展は平成４年（1992）まで９回にわたる連続企画となった。

昭和50年、東京支社が赤坂見附に竣工するとともにサントリー美術館も移転し、「開館（赤坂）記念展

日本の美──その伝統と創造──」を開催した。平成19年には東京ミッドタウンに移転している。

天保山の美術館

平成６年（1994）11月、創業90周年記念事業として企画されたサントリーミュージアム［天保山］が、天保山ハーバービレッジ（大阪市港区）の一画に開設された。創業の地であり故郷でもある大阪に開館する美術館ということで、老境の域に入っていた敬三の思い入れは一際強く、自ら先頭に立って動いた。毎週のように開かれるプロジェクト報告会にも必ず出席し、細部に至るまでの指示を出してきた。建物の設計は、大阪出身の世界的建築家・安藤忠雄に敬三自らが依頼し、デザイン案のやり取りを行った。それについて安藤は『佐治敬三追想録』のなかで、次のように述べる。

昭和63年（1988）春、敬三は突然、安藤の事務所

第3章　学術・研究になずみ、文化・芸術を愛でる教養人

サントリーミュージアム［天保山］（中央。左は水族館「海遊館」）　平成6年（1994）（サントリー提供）

を訪れ、「美術館をつくってくれ」と唐突に依頼してきたという。安藤が注文を訊くと「注文はつけない、出来たら言う」と簡潔に答えたため、腹をくくって受注した。設計は「自由で大らかな佐治さんに相応しい、真の意味で"開かれた"美術館をつくろう」と考え、大阪市管轄の前面の護岸、運輸省（当時）管轄の海面までをも広場として取り込み一体化する計画を思いつき、その場で絵を描かいた。予算の大幅な超過に、追加予算を要求すると、敬三は「それでいいものができるのなら仕方がない、頑張りなさい」と快諾したという。

こうして出来上がった建物は、地上9階、地下1階、円錐や球・直方体といったフォルムが立体的に組み合わさった幾何学的でユニークな造形美を呈した。西に臨む大阪湾は夕日が美しく、海辺に面した幅100ｍ・奥行き40ｍのマーメイド広場は陸と海が滑らかにつながる親水性を有している。

さて肝心の中身であるが、近現代の「生活の中のアート＆デザイン」をテーマに、それまでに集めた作品をより多くの人々と共有する場として設置された。収蔵品は1万5千点を超えるポスターコレクションが中心で、ロートレック、ミュシャ、カッサンドル等の有名作家の作品をはじめ、世界各国の秀作ポスターを収めた。平成6年11月からの開館記念展のテーマは、「美女100年──ポストに咲いた時代の華たち」であった。

しかし存在感を誇っていたサントリーミュージアム［天保山］も、平成22年12月末に休館となった。建物は大阪市に寄贈され、ポスターコレクション2万点も大阪市に寄託された。平成25年からは「大阪文化館・天保山」としてリニューアルオープンし、オリックス不動産が主要株主となる大阪シティドームが運営している。

65

3 音楽ホール館長・佐治敬三

音楽財団の設立

　昭和44年（1969）12月、創業70周年を記念し、洋楽の発展と文化の向上に寄与する目的で鳥井音楽財団が設立された。サントリーは寿屋時代、昭和26年の民放ラジオ放送開始期よりラジオ東京（現・TBSラジオ）企画・制作の「百万人の音楽」を提供してきた。これを踏まえ、音楽家たちが明治以来、日本に洋楽文化を根付かせ、花咲かせようと努力した姿に共感し、洋楽振興に微力をいたすことを念願し、財団の設立に至った。理事長に敬三が就任し、芥川也寸志（作曲家）・門馬直美（「百万人の音楽」ディレクター）・諸井誠（作曲家）・丹羽正明（音楽評論家）等が理事・評議員を務めた。

　事業の柱の第一は、設立の年に創設された「鳥井音楽賞」で、日本の洋楽文化の発展に最も功績のあった個人または団体を表彰した。賞の構想は芥川を中心に練られ、対象を洋楽に絞りながらあえてそのジャ

第1回鳥井音楽賞発表の記者会見（右に佐治敬三、左に芥川也寸志）　昭和44年（1969）（サントリー提供）

ンル（作曲、器楽、声楽、指揮など）には一切こだわらず、新人・大家・アマチュア・プロを区別せず、さらには音楽家だけにも限定しないユニークなものとなった。過去の受賞者に、チェリストの堤剛（敬三の娘婿）、作曲家の武満徹、指揮者の小澤征爾等が名を連ねている。昭和49年からは創立5周年を機に、その年の受賞者単独の記念公演となる音楽賞記念コンサートを開催するようになった。

　昭和54年の創立10周年には財団活動を見直し、大幅な事業拡充が図られた。まず財団および音楽賞の

サントリーホールの大ホール全景　昭和61年（1986）（サントリー提供）

名称をそれぞれ「サントリー音楽財団」・「サントリー音楽賞」と改称した。そして「日本の作曲家の創造活動のいっそうの振興と、その作品の演奏機会の増大」に取り組み、作曲委嘱、一人の作曲家のオーケストラ作品あるいは室内楽作品をまとめて上演する「作曲家の個展」コンサートの開催、日本人作曲コンサートの推薦・助成（「推せんコンサート」）が開始された。同56年8月には、年度別作曲リスト『日本の作曲家の作品』（隔年刊）が創刊された。これら「日本人作曲作品の振興」が、事業の第二の柱となった。

　出版事業としては、昭和57年1月〜59年春、「サントリー音楽叢書」全5巻を刊行した。日本の代表的な音楽学者や音楽評論家である財団評議員をはじめ、広く音楽界内外の識者に、今日の日本の音楽文化について自由な論評と問題提起を行う広場をつくろうとの趣旨で、門馬が編集長となった。昭和62年秋に創刊した総合音楽文化評論誌『ポリフォーン』は、音楽を広く文化全般の文脈のなかで学際的・国際的・地際的に捉え、つとめて聴衆の側から考察し、音楽評論に新しい風を起こすことを念願し、財団評議員の自主編集により刊行した（年2回、全13巻）。

　平成元年（1989）8月下旬には、財団創立20周年とサントリー創業90周年も兼ねた記念講演会「Music Since 1899〜20世紀の音楽名曲選」と題するシリーズコンサート8講演を、サントリーホール（後述）にて開催した。20世紀の代表的名曲37曲を選んで体系的に構成したコンサートは、欧米でも類を見ない画期的コンサートとして高い評価を得た。なおこの年1月に急逝した芥川の、財団設立以来ひいては戦後日本の音楽界における功績を記念して、「芥川也寸志サントリー作曲賞」が翌年に創設された。平成13年（2001）度には、同11年に死去した元理事長の敬三の音楽に対する愛情と理解、チャレンジ精神・パイオニア精神にちなみ、チャレンジ精神に満ちた企画でかつ公演成果の水準の高いすぐれた公演を表彰する「佐治敬三賞」を創設した。

　なお平成21年、サントリー音楽財団を母体に、サントリー美術館とサントリーホールの2つの文化施設とサントリー音楽賞をはじめとする上記音楽事業から構成される公益財団法人サントリー芸術財団が組織されている。

世界最高峰の音楽ホール

　昭和52年（1977）秋、芥川から理事長の敬三に対して正式に、ホール建設の要請がなされた。敬三はこれを受けて財団事務局に指示し、ホールの建設ならびに運営について内外の既存ホールの実情調査と、音楽界各界の識者30人に対するインタビュー調査が、翌53年度当初から実施された。インタビューでは「い

サントリーホールのオープニングセレモニーで、パイプオルガンのAキーを押す　昭和61年（1986）（サントリー提供）

ま我が国音楽界の抱える最大の問題は何か」という質問に対し、「一番多く、かつ熱っぽく返ってきた答は、世界的な音楽先進都市となりつつある東京に、クラシック専用のコンサートホールがない、という嘆き」だったという。そもそも財団設立当初から、音楽コンサート専用ホール建設は関係者が熱望するところで、芥川は折に触れて敬三に話をもちかけていたのであった。

そんな折、昭和55年にアークヒルズ再開発計画を進める森ビルから、コンサートホールの建設の話がサントリーへ舞い込んできた。何でも都心の一等地での文化施設建設ということで、サントリーを指名してきたのである。そこで年間費用を計算すると、宣伝費の数％の範囲におさまるとのことで、敬三はゴーサインを出した。その頃の日本に、専用の音楽ホールは東京にはなく、昭和57年に大阪にできたザ・シンフォニーホールのみだった。

昭和58年6月15日、ホテルオークラ別館12階のレストラン「ラ・ベル・エポック」で記者会見が開かれた。北側の窓からは建設予定地を見下ろせる場所で、サントリーホールの基本コンセプト、音響設計の概略をまとめた構想が発表されたのである。「ステージの演奏家を聴衆が取り囲むように座り、演奏家と聴衆が一体となって音楽をつくりあげる、そして優れた音響効果とクラシック・コンサートにふさわしい雰囲気を持たねばならない。その目的を満たすために、ワインヤード型のホールとする」という

大ホール1階の扉にあるカラヤンからのメッセージ
昭和63年（1988）（サントリー提供）

ものだった。

設計は安井建築設計事務所社長・佐野正一に依頼し、佐野が音響の担当に音響設計界の権威・永田穂を指名した。佐野は敬三とは浪高の同級生で、知る人ぞ知る学生時代からの熱心なクラシック音楽ファンで、のちには関西フィルハーモニーの実質的代表も務めた人物である。設計に当たり、関係者は数次にわたって世界のコンサートホールを視察し、音響や導線等を子細にわたり観察し、世界で最上のホールを目指した。

サントリー一万人の第九コンサート（サントリー提供）

「一万人の第九コンサート」の一員として合唱する佐治敬三
（サントリー提供）

僥倖だったのは、「楽壇の帝王」カラヤンとの出会いである。昭和56年、カラヤン指揮のベルリン・フィルハーモニーの日本招聘に際し、サントリーに冠スポンサーの依頼があり、準備中にプロモーターが経営難に陥ったためサントリーが全面バックアップすることになったのがきっかけであった。敬三と佐野は設計図案を手にベルリンのカラヤンのもとを訪れ、ホールの形式について意見を求めた。ホール形式には大別して長方形の「シューボックス（靴箱）」と、ブドウ畑のようにステージを中心に段々と上方に広がっていく「ワインヤード」がある。カラヤンは敬三・佐野・永田等、関係者が推していたワインヤードを支持し、またパイプオルガンが不可欠であることを説いた。

ワインヤードにより客席とステージが近く、奏者と聴衆との距離は物理的にも心理的にも縮まった。パイプオルガンは数億円をかけて設置した。音響では、天井や壁、客席で音が反射しながらホール全体にいい音楽として響くためには、残響時間は満席時に2.1秒との結論を得て設計された。また来場者への細やかな心遣いを尽くして、ホワイエにバーコーナーとドリンクコーナー、クロークを用意し、女性用トイレを多く設置し、レセプショニストが接客する構想も固められた。

昭和61年10月12日、サントリーホールの落成式典が挙行された。敬三がパイプオルガンのＡ音の鍵盤を押し、オーケストラのチューニングの音をとり、会場を沸かせた。次いでウォルフガング・サヴァリッシュ指揮、ベートーヴェン「第九」が演奏され、敬三は合唱団に加わった。パイプオルガンは、芥川に委嘱された献堂曲《オルガンとオーケストラのための響》の演奏で、その最初の壮麗な響きを奏で、満堂の聴衆に深い感銘を与えた。

惜しむらくは、ベルリン・フィルの指揮台にカラヤンの姿がなかったことである。体調を崩したためであったが、カラヤンは２年後にベルリン・フィルを率いてサントリーホールの舞台に立った。演奏後、「この素晴らしいホールは音の宝石箱のようだ。数々の素晴らしい宝石が秘められている」と評し、帰国後には手紙で次の言葉を贈った。

1988年５月、私は大いなる喜びをもって、この美しいサントリーホールで演奏いたしました。このホールは、多くの点で私の愛するベルリン・フィルハーモニー・ホールを思い起こさせました。ぜひ、再び、この水準の高いホールに帰って来たいものだと思っています。わが友、佐治氏に心より深く感謝いたします。氏は、この建物によって、日本の、そして世界の音楽生活に大きな貢献をされました。
　心をこめて。
　　　　1988年10月22日
　　　　　ヘルベルト・フォン・カラヤン

これがカラヤンの日本で最後の舞台となったが、彼の寄与もあってサントリーホールはその後の日本のクラシック音楽界の中心的役割を果たすようになる。また逆にホールの存在が、サントリーの名声を高めることにつながった。敬三は自伝において「コンサートホールの完成によって、サントリーは大阪銘柄から東京を含む全国あるいは世界銘柄に格上げされたのではないか」と述べたのは、偽らざる実感なのだろう。

なおその他、サントリー・敬三と音楽との関わりについて触れておきたい。年末の風物詩となって久しい"第九"は、例年12月の第一日曜日、大阪城ホールで１万人がベートーヴェンの「交響曲第九番」を合唱するコンサートである。開催のきっかけは、昭和58年に大阪城ホールが完成し、その記念として企画され、敬三が快諾したことによる。この年、「サントリーオールド一万人の第九コンサート」が開催され、敬三自身も合唱に参加し、以降は恒例のものとなる。

昭和61年には音楽関係で、国内外から褒賞・褒章を受けた。国内ではクラシック音楽に造詣が深かった仏文学者・文芸評論家の中島健蔵の名を冠する音楽賞を受賞した。「現代日本の音楽文化への多大な貢献を行った」というのが、受賞理由であった。国外ではフランスにおけるワイン事業やパリ管弦楽団への支援等により、敬三はフランス芸術文化勲章の最高位となるコマンドールを受章している。

文化財団理事長・佐治敬三

学芸賞と地域文化賞

　昭和54年（1979）の創業80周年に際し、サントリーの社会奉仕活動にいっそうの広がりを持たせたいと、敬三は考えていた。その頃、相識ることになったのが、劇作家・評論家の山崎正和（大阪大学教授）であった。関西復権の機運が高まりを見せていた当時、「中之島芸能センター」構想や「大阪築城400年まつり」開催、「大阪21世紀協会」設立等の推進者であった山崎は、「世界に向けた文化発信の拠点を大阪に」という構想を抱いていた。かねてから大阪の情報発信能力充実の必要性を感じていた敬三は、一も二もなく賛成した。こうして昭和54年2月、創業80周年を記念し、サントリー文化財団が設立された。

　文化財団は、人文科学や社会科学を対象に、日本と世界の学術文化の発展に寄与することを目的とし、学際的・国際的な分野での研究への助成、日本の社会や文化について国際理解を深めるための出版に対する助成、国際シンポジウム開催等を事業とした。初代理事長に敬三が就任し（平成7年から名誉理事長）、役員には梅棹忠夫（民族学、比較文明学）・開高健・高坂正堯（国際政治学）・小松左京（作家）・山崎が名を連ねた。専務理事の佐野善之は能楽師で住友海上火災常務からの転身という異色の経歴だが、敬三の浪高時代の同級生である。

　文化財団の特色ある活動に、「サントリー地域文化賞」と「サントリー学芸賞」の表彰がある。地域文化賞は地域の文化向上に貢献した個人や団体を対象とし、昭和54年に創設された。東京一極集中への対抗の意味もあり、これまで全国すべての都道府県から受賞者を出している。学芸賞は「政治・経済」「芸術・文学」「社会・風俗」「思想・歴史」の4部門で優れた業績を上げた新進気鋭の研究者や評論家を対

文化財団設立記者発表（左から開高健、佐治敬三、山崎正和、高坂正堯）昭和54年（1979）（サントリー提供）

象とし、同年に創設された。過去に五十旗頭真、御厨貴、若桑みどり、三浦雅士、鹿島茂、原武史、野口武彦、石川九楊等が受賞している。平成21年に財団設立30周年記念として刊行された学芸賞の選評集は、世紀末前後の激動の時代に知識人たちが何を見、何を考えてきたかを一冊で辿ることができる、読み応えのある一書である。

　国際シンポジウム「日本の主張」は昭和55年から3年間にわたり、経済大国となった「顔のない巨人」日本は自らを語る責任があるとの認識に基づき開催された。ダニエル・ベル、クロード・レヴィ＝ストロース、山崎正和、李御寧、ドナルド・キーン、開高健等の各分野の論客の論議は注目を集め、その成果は第1回『「顔のない巨人」の顔』（1981年）、第2回『日本は「ただ乗りの大国」か』（1981年）、第3回『日本は世界のモデルになるか』（1983年）として刊行されている。また刊行物として世界の様々な問題を鋭く感じ、柔らかく考えることで、現在の諸潮流を読み取ろうとする会誌『アステイオン』が、昭和61年から発刊されている。

『サントリー学芸賞選評集』 平成21年（2009）（個人蔵）

次にサントリー本体の事業であるが、文化に直接関わる「生活文化企業」および「不易流行研究所」について触れておきたい。

昭和55年に策定された第二次五カ年計画において、「生活文化企業」が標榜された。急激な経済成長は工業化・都市化をもたらし生産第一、効率一辺倒の風潮を生んだが、物質的豊かさを手にした人々はやがて心の豊かさを求めるようになる、という時代の流れを受けて、サントリーは自らあるべき姿を「生活文化企業」と定め、人々の豊かでゆとりのある生活を実現する企業活動こそが、自分たちの進むべき方向であることを明示した。サントリーホールはその理念を具現化し、敬三が唱える美感遊創を象徴するものであった。自伝には敬三自ら、生活文化企業を次のように定義している。

　　企業の存立は、社会に提供する財が社会から尊重されることによって保証される。社会がその財を、生活をより豊かにすることができるとした時、その財を生活文化財、その財を生産する企業を生活文化企業と私は呼びたいのである。

昭和56年、サントリーはTBSブリタニカの株式を取得し、出版事業に進出した。ブリタニカ国際大百科事典の販売のほか、ベストセラーとなったガルブレイス『不確実性の時代』、ヴォーゲル『ジャパン・アズ・ナンバーワン』の翻訳単行本を販売した。ガルブレイスが「ニューズウィーク」の会長キャサリン・グラハムに敬三を紹介したことで、「ニューズウィーク日本版」が昭和61年に発行されることになった。

平成元年（1989）、創業90周年記念事業の一環として不易流行研究所が設立された。名称の由来は、時を超えても変わらない原理・原則を「不易」、時代の変化とともに新しく生まれる価値を「流行」と表現した、松尾芭蕉の「不易流行」である。21世紀に向けての豊かな生活像を探ることを目的に、衣食住・遊び・付き合い・自然や芸術の楽しみ等、生活のなかのさまざまな楽しみにスポットを当て、研究・調査活動を展開した。

勉強会は平成8年1月から隔月で16回開催され、ゲストを招き議論を深めた。その成果として、『酒の文明学』（1999年）が刊行された。監修の山崎正和「はしがき」によると、啓蒙目的の知の「百貨店」ではなく、専門的な思索の「名店街」になっているはずで、「遊び心には貫かれながら、学問の作法には律儀にしたがっている」という。本研究所のスタンスがいかなるものだったかが窺える。なお同研究所は平成17年に「次世代研究所」となり、同20年に活動を終了した。

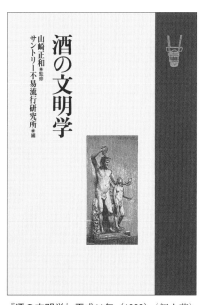

『酒の文明学』 平成11年（1999）（個人蔵）

大旦那・佐治敬三

広告の社会性・公益性

広告の効果は信治郎・敬三ともに最大限利用したが、敬三は広告業界やクリエーターの発展と育成にも努めた。

昭和22年（1947）、広告文化の普及向上と、産業経済の発展に寄与するとともに会員相互の研究助成を図ることを目的に、関西広告協会が発足した（同32年に大阪広告協会と改称）。その前年、電通の常務・吉田秀雄が広告団体の結成を提唱し、戦前からの広告界の実力者である資生堂の白川慶三が呼びかけに応じて、大阪の業界に支部としての参加を打診した。しかし大阪の業界は支部の地位を潔しとせず、単独での団体結成に踏み切った。

信治郎の広告協会への関わりは、昭和27年3月に設置された名誉顧問就任が初見であり、既に重鎮の扱われようであった。死去した際には「大阪広告協会報」に追悼記事が掲載され、「翁ほど徹頭徹尾「広告の力」「広告の機能」「広告の科学性」を一〇〇％に発揮した人はなく、没後、毎日新聞紙上で江崎グリコ社長が翁を偲んで「広告の神様」を失ったと述懐されているのもうべなる哉と首肯さる」と、賛辞を惜しまなかった。

敬三は昭和31年に設置された副会長に就任し、同39年から会長となった。その間、同34年にIAA第3回国際会議に日本代表として出席して、帰国後に報告会を開いた。同32年には創立10周年を機に「大阪広告協会賞」を制定し、広告活動において企業業績の向上と大阪からの情報発信に力を発揮し、大阪経済・文化の発展に大きく寄与した個人・団体を表彰している。同43年には創立20周年事業として、サントリーの協力で「大阪広告協会サントリー奨励賞」を制定し、関西の広告技術の向上に貢献することを目的に、関西在住のデザイナー・コピーライター・フォトグラファー等の技術者またはそのグループを対象とした。副賞金10万円はサントリー社長名で贈られ、一説によると敬三のポケットマネーから出されたらしい。敬三没後の平成12年（2000）には「やっ

大阪広告協会会長として創立20周年の祝辞　昭和43年（1968）（『大阪広告協会20年』より転載）

第3章 | 学術・研究になずみ、文化・芸術を愛でる教養人

大阪広告協会創立30周年記念式典における功労者表彰（敬三は中央の上下明るめのスーツ着用）昭和53年（1978）
（『大阪広告協会の三十年』より転載）

大阪広告協会創立50周年を記念し小説家の田辺聖子と対談　平成10年（1998）
（『㈳大阪広告協会創立50周年記念出版　創活／なにわの広告』より転載）

佐治敬三自筆の色紙「輝け広告　大阪が動く」
（大阪広告協会所蔵）

てみなはれ佐治敬三賞」と改称している。

　昭和45年開催の大阪万博に際しては、広告協会が万国博対策協議委員会（会長に敬三）を発足させ、万国博協会当事者との連携・協力を図った。最大の関心事は技術部会員・大高猛の作品であるシンボルマークの扱い方、会場内外の環境美化と広告規制にあり、会期中に全日本広告連盟総会を主管して万国博の見学を行った。

　昭和31年、毎日新聞社の提唱で総合デザイナー協会（DAS）が大阪で創設された。D＝デザイナー、A＝オーソリティー（学識経験者、批評家）、S＝スポンサー（企業家）の三位一体で構成され、会員の有機的連繋によるデザインの向上発展によって産業の進展を図るとともに、日本文化の興隆に寄与することを目的とした。設立当初は運営費に窮していたが、デザインに理解のある敬三が支援の手を差しのべ、スポンサー企業獲得にも尽力した。思い入れとDASへの期待の大きさについては、会報「DAS」第3号（昭和33年）に寄稿した「大衆よデザイン感覚にめざめよ」によく表れている。敬三はDASがデザイン振興運動の担い手に企業家を加えたことを評価しつつ、企業家のみならず大衆のデザイン感覚の覚

総合デザイナー協会（DAS）の法人設立後、第1回総会での理事長・佐治敬三　昭和37年（1962）
（『DAS　関西のデザイン50年』より転載）

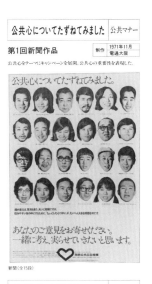
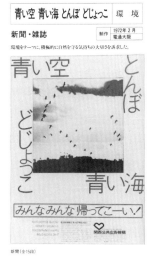

ACジャパン初期作品　昭和46・47年（1971・72）
（公益社団法人ACジャパン編『創設45周年記念キャンペーン作品集　ACジャパンの45年』より転載）

醒を訴え、「美しいデザイン、日本の伝統を新しく生かしたデザインによって、この曇らされた日本人の美意識をよみがえらせ、その生活を豊かにすることがデザイン振興の一つの目的」であると主張した。

そして昭和37年からは正式に理事長に就任し、同年に法人設立委員長として社団法人化を実現した。30周年記念事業「ワンイヤー・ワークショウ」では、サントリーのデザイン部・大森重志を総合プロデューサーに、大阪のクリエーターを総動員して1年間のイベント企画を提案した。なお歴代理事長は、初代の村野藤吾（建築家）の後、敬三が亡くなるまで務め、鳥井信一郎、佐治信忠とサントリー創業家で引き継いでいる。

平成23年（2011）3月に発生した東日本大震災からしばらく、テレビCMは各社が自粛し公共広告機構（ACジャパン）が席巻した。ACジャパンの創設を主導した立役者こそが、敬三であった。その契機は昭和44年に訪米した際、サントリーの広告代理業ニューヨークのケッチャム社がアメリカ公共広告協議会から指名で担当した全国都市通信のキャンペーン作品を紹介され、AC（The Advertising Council）のボランタリーな社会キャンペーン広告に感銘を受けたことにある。景気上昇の陰に隠れた社会のひずみに光を当て、考えるきっかけを与える内容に、社会的意義を見出したのである。

敬三は帰国後、関西の主な広告主企業、広告業界各社、マスコミ各社等に「企業が少しずつお金を出し合い、世の中のためになるメッセージを、広告という形で発信しよう」と呼びかけた。昭和45年、公共広告推進第1回実行委員会を大阪広告協会が開催し、「関西公共広告機構」の正式発足と、機構の構成と各委員長を決定した。翌年7月に発足となり、会長に芦原義重（関経連会長、関西電力会長）、理事長に敬三が就任、事務局は電通大阪支社内に置かれた。

広告の持つ強力な伝達力と説得機能を生かし、社会と公共の福祉に貢献することを理念に掲げ、公共マナーから災害支援、環境問題にいたるまで幅広いキャンペーンを、有志企業や各界著名人のボランティアで展開した。第1回のテレビCM「公共心、皆で考えましょう」は、映画評論家の淀川長治が独特の口調で語りかけるものだった。その後、昭和49年に本拠を東京に移転、平成21年に社団法人ACジャパンに改称、同23年に公益社団法人となっている。

作家や研究者を支援

　信治郎は苦学する学生や研究者に対し、匿名で援助を行っていた。かつて研究者を目指した敬三は、研究者への支援や研究助成に陰に陽に取り組んだ。先に見た生物有機科学研究所のポス・ドクやスカラーシップも、その一環である。

　昭和35年（1960）、サントリーは創業60周年記念事業として大阪大学へ酵素化学研究所を、日本化学会へ図書館を寄贈した。昭和44年には創業70周年記念として、再び大阪大学に「サントリー記念館」を寄附している。同窓となる浪高出身の世界的数理経済学者で元ロンドン大学名誉教授・森嶋通夫がロンドン大学スクール・オブ・エコノミックス教授として、ここに経済学国際研究センターの設立を企画し、諸外国の経済学者に日本経済への経済学的な理解を深めようと試みて支援を願い出た際には、サントリーとトヨタが協力して基金を寄付し、昭和53年にICERD（のちに両社の頭文字を冠してSTICERD）は設立の運びとなった。その他、昭和54年に大阪大学理学部化学高分子学教室に質量分析計を寄贈したように、母校の阪大をはじめ、東大・京大・北大・東北大や早大・慶大等の大学、研究所、学会、研究機関に対し、額も様々に数々の寄附を行った。その全貌は阪大に限っても把握が困難なほど、多数に上っている。

　また作家に対しても、支援を行った。そもそもサントリーからは開高健と山口瞳という芥川賞と直木賞の受賞作家を輩出し、それ以外にも執筆活動にいそしむ社員が複数いて、敬三はそれを咎めるどころか、進捗状況を気にかけたり、作品が完成すればいち早く読んで感想を伝えたりしている。昭和56年、開高の肝いりで、文藝春秋と朝日放送との共同主催によるサントリーミステリー大賞の創設を発表した。長編ミステリーを対象とし、受賞作はテレビドラマ化、読者賞の選出等、従来にない特色を持つ文学賞であった。同58年の第1回選考会以来、江戸川乱歩賞と並ぶ日本の二大ミステリー賞となった。

　平成元年（1989）に盟友・開高健が死去すると、その功績を讃え、TBSブリタニカとともに開高健賞を創設した。様々なジャンルを逍遙した開高の事績

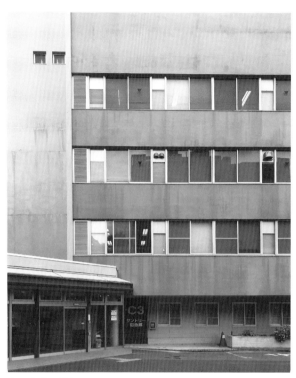

大阪大学工学部のサントリー記念館
（大阪大学大学院工学研究科提供）

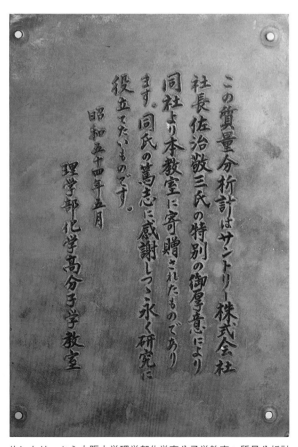

サントリーから大阪大学理学部化学高分子学教室へ質量分析計が寄贈されたこと示す銘板　昭和54年（1979）
（大阪大学大学院理学研究科所蔵）

第2回サントリーミステリー大賞公開選考会における審査委員　昭和59年（1984）（サントリー提供）

にちなみ、ノンフィクションを中心に幅広いジャンルから募集した。第1回は平成4年で、新進作家の登竜門となった。平成15年からは集英社主催の開高健ノンフィクション賞として生まれ変わり、現在まで続いている。

スポーツの振興

　敬三自身、学生時代にはテニスでインターハイに出場するスポーツマンであり、スポーツの世界でも幅広い種目に支援した。

　サントリーは実業団チームとして、男子バレー、女子バドミントン、ラグビーの各部を擁した。昭和48年（1973）、前年のミュンヘンオリンピックの男子バレー優勝メンバーであった大古誠司・岡野昌弘の入社の意向を容れ、彼らを中心にチームを結成した。創部2年目で日本リーグ入りを果たし、昭和60年に初優勝を遂げた。初優勝の歓喜に沸く選手たちは、監督だけでなく敬三も胴上げした。平成6年（1994）発足のVリーグに「サントリー・サンバーズ」として加盟し、最初のシーズンでリーグを制覇した。平成11〜15年までVリーグ5連覇を果たす強豪であり、ホームタウンの北摂では地域貢献活動にも取り組んでいる。女子バドミントン部は昭和51年に結成され、平成9年に解散するまで全日本実業団リーグで優勝14回、日本リーグ優勝11回を誇った。平成8年のアトランタオリンピックには選手を派遣している。昭和55年創部のラグビー部は関東社会人ラグビーフットボール3部からスタートし、1989-90シーズンで東日本社会人リーグ優勝、1995-96シーズンで全国社会人大会で初優勝し、日本選手権で日本一を勝ち取った。この時も、敬三は選手たちから胴上げされている。平成14年に発足したトップリーグに、「サントリーサンゴリアス」として参戦している。

　国際大会の運営では、昭和48年からサントリーオープンゴルフトーナメント（平成19年で終了）、平成2年からサントリーレディースオープンゴルフトーナメント（現・宮里藍サントリーレディースオープン）を主催し、昭和56年に第1回サントリー北京国際マラソン（中国陸上競技協会主催）に協賛した。

　国内プロスポーツでは、サッカーJリーグが発足した平成5年よりオフィシャルスポンサーとなった。2ステージ制のシーズンはファーストステージが「サントリーシリーズ」とされ、シーズン優勝を決めるチャンピオンシップの冠スポンサーでもあった。平成6年には、各チームのキャラクターデザインの缶

第3章 学術・研究になずみ、文化・芸術を愛でる教養人

Jリーグ各チームキャラクターデザイン缶　平成6年（1994）（サントリー提供）

ビールを発売している。しかし契約満了にともない、平成19年限りで公式スポンサーから撤退した。

一方でスポーツを通じたチャリティーイベントも開催している。平成7年から毎年行われている「サントリードリームマッチ」は、「モルツ」のCMに登場したモルツ球団をプロ野球OBで現実に結成して行うチャリティマッチである。CMに出演したバースや川藤幸三（ともに元阪神タイガース）、マサカリ投法が健在の村田兆治（元ロッテオリオンズ）といった往年の選手が登場し、佐野慈紀（元近鉄バファローズ）や金本知憲（元阪神）による恒例のパフォーマンスで、毎年盛り上がりを見せている。

父からの継承と新たな枠組み

信治郎の代に社会事業を取りまとめた社会福祉法人「邦寿会」は、敬三が社業とともに引き継ぎ、昭和37年（1962）に理事長に就任した。敬三の下で当時の社会環境の変化に応じた事業の根本的な見直しが図られ、昭和49年には大阪市内で最初の特別養護老人ホーム「高殿苑」を新設し、翌年には「つぼみ保育園」を開園した。当時、高殿苑は高齢者福祉施設として先進的な建物・設備と評価され、全国からの見学者や、行政の福祉担当者教育、専門学校の実習研修等で大いに注目を浴びた。学校法人「雲雀丘学園」も昭和37年、同じく信治郎の跡を継ぎ敬三が第2代理事長となった。

一方、敬三が新たにアメリカから日本に導入した寄附の形として、日本初のコミュニティ財団がある。大阪商工会議所会頭時代、敬三は財団活動先進国のアメリカに調査団を派遣し、コミュニティ財団を研究した。コミュニティ財団とは1914年に銀行家・弁護士のフレデリック・ゴフが創案した仕組みで、普通の市民が生涯所得の一部を出し合って、カーネギーやロックフェラーのような財団を設立するものである。平成3年、大阪商工会議所が中心となり、財団法人大阪コミュニティ財団が設立された。会長には敬三、理事長には阪急電鉄社長・小林公平が就任した。一般市民や企業等の社会貢献への志を尊重し、最大限に生かすため、公益に資する事業を行う者への助成または顕彰、学生等への奨学金の支給等を行い、地域社会の公益の増進に寄与する目的で活動を続けている。

コラム4

大阪大学の醸造学・発酵工学研究とサントリー
～ビール酵母の神泡的お話～

サントリービールの販売開始は、佐治敬三氏が2代目社長に就任した翌々年の1963年で、社名が寿屋からサントリーに変更された年でもある。1967年にはNASA開発のミクロフィルター技術を利用した濾過による生ビール「サントリービール純生」、1994年には発泡酒「ホップス生」を発売し、ビール業界で革新的役割を果たしてきた。ここではビールづくりに欠かせないビール酵母の話を少し紹介しよう。

ビールの起源は古く、紀元前3千年頃メソポタミアのシュメール文明時代には麦芽パンを砕いて水を加え、自然発酵させただけのビールだったようである。中世には修道院を中心に麦芽と種々のハーブやスパイスを配合したグルートビールがつくられるようになり、9世紀にはホップも使用されたようである。14世紀半ばにはホップ入りが人気となり、16世紀にはドイツのバイエルンで「ビールは、麦芽とホップと水のみでつくるべし」というビール純粋令が公布されている。現在の日本の酒税法では「麦芽（比率が50%以上）、ホップ、水を原料として、あるいはそれらとその他政令で定める副原料を加えて発酵させたもの」がビールとされている。ビール酵母は何かしら発酵に必要なものとして認識されていたと思われるが、発酵微生物としての重要性は19世紀のパスツールの研究まで待たないといけない。さて、そのビール酵母であるが、上面酵母と下面酵母と呼ばれる2つのタイプがある。英国のエールビールやスタウトビールは上面酵母を使って常温20℃くらいで発酵させてつくる。一方、現在世界中で最も多く愛飲されているピルスナータイプのビールは下面酵母を使って10℃以下の低温で発酵、熟成させるビールである。低温貯蔵で熟成させるのでラガー（貯蔵）ビールとも言われる。これらの酵母は、分類学的には子嚢菌の仲間で、上面酵母はパン、ワイン、清酒などをつくる酵母と同じ *Saccharomyces cerevisiae*（サッカロミセス　セレビシエ）という学名で、下面酵母は *Saccharomyces pastorianus*（サッカロミセス　パストリアヌス）という学名である。そして、ラガービールをつくる下面酵母については興味深いことがわかっている。この酵母は、上面酵母とは1千万年以上前に別系統となっていた酵母が再び上面酵母と交雑し、さらにゲノムを変化させて生まれたハイブリッド酵母なのである。サントリーの研究陣は北里大学との共同研究によりこのハイブリッドゲノムの全塩基配列を世界で初めて明らかにした（2002年10月1日新聞発表）。ちなみに、この研究を主導した一人は阪大工学部醸酵工学科の卒業生である。現在ではハイブリッド酵母の片親は *Saccharomyces eubayanus*（サッカロミセス　ユーバヤヌス）という学名になっており、2011年に南米アルゼンチンのパタゴニア地方で分離、報告されたが、2014年にはチベット高原からも分離されている。このことから下面酵母の片親は15世紀後半に始まった大航海時代より前にシルクロードを経てアジアからヨーロッパへ移動したのではないかと推定されている。

（大政健史・金子嘉信）

終章

夢、大きく膨らませてみなはれ！

『佐治敬三追想録』扉絵の佐治敬三（サントリー提供）

自ら嗜む文化人

　敬三が学生時代に憧れた「真善美」はそれぞれ学問・研究、道徳・社会貢献、芸術・文化の極致を意味していた。これまで見てきた敬三の生涯を振り返ると、主であるはずの経営者の顔は、「真善美」に至るための手段であったとすら思えてくる。学問・研究は、自身は兄の急死により断念せざるを得なかった道であり、社内での研究・開発分野への投資や、研究者・研究機関への様々な支援は、代償としての行為であったのではなかろうか。社会貢献は父・信治郎の利益三分主義を受け継ぎ、質的にも量的にも飛躍的に拡大・発展させた。芸術・文化は周囲を取り巻く家庭・地域・教育の環境から幼少時より親しんできたもので、その感性は広告業務や財界での活動、宣伝部との格闘や経営者との交流を通じて磨き上げられていったであろう。

　敬三の場合、何を成すにもまず「夢」があり、「夢」の実現に向かってあらゆる努力を惜しまなかった。そのためにはただでさえ多忙な社長業に加え、社会貢献、文化・芸術事業、財界その他各種団体での役職等により、輪をかけた忙しさであった。大阪商工会議所会頭時代で多忙を極めていた頃、敬三の過密スケジュールに開高が辟易して「あんたの生活は犬の生活や。あっちゃいって、ワン。こっちゃきて、ワン。あれでっせ」と茶化したことがあった。「犬の生活」とはよく言ったもので、その姿が想像されるが、本人は否定することもなく、必ずしも哀れとばかり思わず「忙中の閑」と楽しんでいた。平成2年（1990）に会長に退いてからは社業半分、プライベート半分の生活になり、「犬の生活から、猫の生活くらいには改まった」と自ら表現している。

　この年、念願だったヒマラヤ行きを実現させた。社業を放擲しての一週間の休暇は敬三にとって画期的だったそうで、カトマンズ空港（ネパール）を発ち上空からヒマラヤ山脈の「白き神々の座」を視野いっぱいに眺めた。この旅行のために新調したカメラでエベレストをレンズに収め、夢中でシャッターを切った。帰国後は本社の会長室にイーゼルを立て、執務の合間に100号キャンバスに油絵でエベレストを描き進めた。

　俳句では、詠み上げた句が千を超えた平成7年、最初の句集『自然薯』を佐治玄鳥(げんちょう)の俳号で上梓した。俳句との最初の接点は高等学校時代、仲間の句会に

百周年を記念して取り組んだ100号のエベレストは、未完となった　平成11年（1999）7月
（サントリー提供）

参加したことで、その時の句が残っている。

　　　雪おける荷舟に夕餉灯の明かり　　　　敬三

俳句に興味を持った動機は五七五のリズムにあり、そういえば「トリスを飲んでハワイへ行こう！」も七七だ。俳句を始めようとした頃、サントリー美術館の委員会の席上で、俳人の大岡信に相談している。そこで大岡は次の二句を紹介し、俳句の奥深さを示唆した。

　　　彼一語我一語秋ふかみかも　　　　　　虚子
　　　去年今年貫く棒の如きもの　　　　　　虚子

また想像力を刺激する跳躍台として「歳時記」を規範とするよう助言しているが、敬三は「菲才」を顧みず、かたくなな性格から「歳時記」をあまり開かずに句作を続けたという。句づくりでは、車の中でも会議の最中でも思いついたときにメモ用紙のようなものに書いた。作風については、『自然薯』跋文を寄せた大岡が「初めから一貫して、作者たる佐治敬三の地金まる出しの句」と評している。そして大岡は敬三らしい句として、次の十句を選んでいる（年代順）。

　　　祝膳の終りてもとの二人なり
　　　ロマネコンティに葡萄摘む日の来たりけり
　　　初仕込九二年秋三更
　　　夏木立地虫はベース蟬はファゴット
　　　パンジーは眼をむき何を笑ふらん
　　　勝ち越して立つ小錦に汗光る
　　　石の王妻妾四十子は二百
　　　五七五が句にならぬ苦よ春の床
　　　絲綢之路鹹湖白光塩一條
　　　語彙不足されど木々おのづから紅葉す

　第二句集『仙翁花』（平成10年）では森澄雄が「大らかで、率直で、飾りがなく、人間そのままの正直で素直な感性で詠まれている」と述べている。没後の平成20年には妻・けい子の発意により、七回忌を

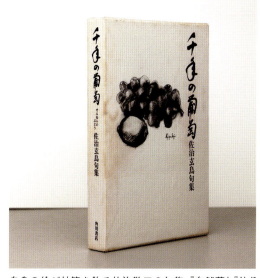

自身の絵が外箱を飾る佐治敬三の句集『自然薯』『仙翁花』『千年の葡萄』平成7・10・20年（1995・98・2008）（個人蔵）

過ぎても雑然と重ねられていた下書きを整理して、第三句集となる『千年の葡萄』が刊行されている。

平成7年9月、梅田近代美術館にて「佐治敬三の美感遊創展」が開催された。梅田画廊の主人・土井洋三が「阪神大震災後の関西を勇気づけたい、それには皆を明るくする佐治さんしかいない」と発案し、企画したものである。俳句・油絵・写真・書・陶芸と、美感遊創三昧の成果が展示され、いずれも玄人はだしと誉められた敬三は嬉しそうだったという。翌年、東京・紀尾井町の文春ギャラリーでも開催された。

創業100周年

サントリーの創業年は、信治郎が鳥井商店を開業した明治32年（1899）に置かれている。敬三は創業20周年となる大正8年（1919）に生まれ、満80歳を迎える平成11年（1999）が創業100周年の記念の年となった。同年4月9日、大阪城ホールにて創業100周年記念式典が開かれ、役員・社員・OB約7千人が集った。関西フィルの演奏に始まり、社長・鳥井信一郎のグローバル企業を目指すとの決意表明後、全員で社歌を斉唱、宝塚歌劇のオリジナルミュージカル、敬三の学生時代以来の愛唱歌「すみれの花咲く頃」の演奏が始まり、ステージ中央に敬三が登場し朗々とハリのある声で歌った。懇親会では多くのCMタレントが祝辞を述べ、敬三は花束を受け取ると、全社員に向けて次の言葉を贈った。

> 夢、大きく膨らませてみなはれ！
> 新しい世紀にむかって羽ばたこう！
> これからは諸君の時代だ。ありがとう、ありがとう！

あるいは「21世紀は君たちのものだ、ガンバレ！」と伝えるものもある。ともかく、21世紀を担う世代に、大きな夢を見て挑戦すること、新しいものを創造することを訴えた叱咤激励であった。そしてこれが、敬三が全社員の前に立った最後の機会となった。

なおサントリーは100年史の刊行も企画し、これに敬三は自ら関与した。敬三の強い要望で副社長・津田和明（当時）が編集委員長となり、編纂については繰り返し指示を出し、自ら編集会議に出席する熱の入れようであった。何せ入社以来50余年、社長就任から40年近くの歴史が盛り込まれ、自身の半生記とも呼べる一書に、相当な思い入れがあったことは想像に難くない。題字の「日々新たに」は、敬三の揮毫である。そもそも社史はその会社の歴史認識・自己認識を表す指標ともなる。サントリーの場合は敬三の社長就任後、70周年、90周年、100周年を区切りに社史を編纂してきた。とりわけ初の社史となる『やってみなはれ　サントリー70年史Ⅰ』は異色の作品である。

戦前は信治郎の、戦後は敬三の伝記という体裁で、それぞれ山口瞳と開高健という同社が輩出した芥川賞・直木賞作家が執筆した小説風の社史なのである（のち、山口「星雲の志について――小説・鳥井信治郎」、開高「やってみなはれ――サントリーの七十年・戦後篇――」として『小説新潮』昭和44年7・8月号に掲載。平成15年に山口・開高『やってみなはれ　みとくんなはれ』として新潮社より文庫化）。しかも二人の成功譚を予定調和で語ることも、まし

『サントリー百年誌―日々を新たに―』の佐治敬三自筆の題字　平成11年（1999）（サントリー提供）

てや神格化もせず、様々な苦悩を抱えた経営者として等身大で描くことで、かえって真実に迫ることに成功している。猥雑とした戦前・戦後の大阪の喧噪、大阪弁が飛び交う活気あふれる社内、二人が追い求めた理想と現実との葛藤等が、見事に表現されている。一見すると奇をてらうような手法をとりながらも、史実を記録するという社史の本質は踏み外さない姿勢は、当時のものづくりと宣伝広告のあり方に通じるものがある。社史のスタイルそのものが、企業のそれを如実に体現している好例であろう。

　一方の100年史『サントリー百年誌──日々新たに──』は、右頁に詳細な解説文、左頁に豊富な図版を基本構成に基礎的事実を押さえつつ、「赤玉ポートワイン」、ウイスキー事業、宣伝部黄金時代、ビール事業、サントリーホール、ワイナリー継承といった節目となる事績を見開き上段に解説、下段に図版を配して画期的意義を強調する作りとなっている。こうすることで、サントリーは常に挑戦を続けてきた異能の集団であることが、強く印象づけられる。果たして対象とする読者層は、式典での敬三の言葉を重ねると、むしろ社内の方に意識が置かれていたとも思える。事実、社長・信一郎の「発刊によせて」には「本書が、とりわけ若い社員のみなさんにとって、先人の歴史を尋ね、次代への新しい知恵と勇気を発見する一助になれば、大変嬉しく思います」とまとめられている。

母校で逝き、母校に名を残す

　しかし敬三が100年史の刊行を見届けることは叶わなかった。というのも、晩年は肺がんに冒されていたからである。平成6年（1994）はじめには手術で左肺三分の一を切除したが、同9年11月に再発し再手術を行っている。腰痛にも悩まされ、居間のソファーで読書し、足腰を衰えさせないため自宅近くを散歩する生活を送った。子ども好きの敬三は散歩コースに理事長を務めた雲雀丘幼稚園を組み入れ、にこにこしながら園内に入り教室へと進み、子ども達が「おじいちゃん」と群がって来るのを嬉しそうにしていた。晩年は穏やかな時間を過ごすことがで

きたが、それでも会社に行くことは無上の喜びであった。しかしさすがの敬三も衰えには勝てず、エベレストの絵の完成をデザイン部部長や秘書役から勧められたにも関わらず、それも次第に困難となった。

　100周年記念式典から4か月後の8月、軽井沢で静養中に風邪をこじらせ肺炎を引き起こし、6年前に中之島から吹田に移転した大阪大学医学部附属病院に入院した。肺炎が徐々に進行し、10月に入ると朦朧とした状態が続いたが、平成11年11月1日に満80歳の誕生日を迎えた。見舞いを兼ねて兄・吉太郎の妻・春子、弟の道夫、甥の信吾、息子の信忠夫妻が集まった。翌日には100年史の見本刷りが、病床に届けられた。しかし3日午前6時31分、敬三は息を引き取った。まさに「巨星墜つ」。戦後の経済復興から高度成長、低成長の時代を経てバブル崩壊後の平成不況を駆け抜けた、大阪が生んだ戦後の稀代の経営者が世を去った。

　遺体は雲雀丘の自宅に運ばれ、親族で仮通夜が営まれた。4日に通夜、5日に葬儀が大阪市中央区の浄土真宗本願寺派津村別院（北御堂）で開かれた。祭壇にはウイスキーのボトルが供えられた。弔問客は仮通夜で既に3百人を超えており、通夜には4千5百人、葬儀には7千5百人が参列し、会場周辺には親交のあった財界人・文化人等による長蛇の列ができた。

　12月2日、敬三の遺志による社葬が、サントリーホールにて音楽葬として執り行われた。総理大臣（当時）の小渕恵三、大蔵大臣の宮澤喜一、大阪商工会議所会頭の田代和等、政財界・文化芸能界から8千人が参列した。遺影は青いバラの開発過程で生まれた青いカーネーション「ムーンダスト」で飾られ、NHK交響楽団が朝比奈隆の指揮によりベートーベンの交響曲第七番第二楽章アレグレットを献奏した。

　敬三の遺族は、平成16年に開設された大阪大学中之島センターに「佐治敬三メモリアルホール」を寄贈した。このホールは中之島センターでは最大の施設で、床面積213㎡、収容人員最大192名、阪大や学会等のイベントに頻繁に活用されている。飲食も可能で、平成27年にはサントリースピリッツの協力で開発された大阪大学オリジナルウイスキー「光吹――

ウイスキー樽の形を模した佐治敬三メモリアルホール（大阪大学中之島センター）

MIBUKI—」の完成イベントが開催され、11学部のイメージに合わせた原酒を人数比でブレンドしたウイスキーの試飲が行われた。ホールのデザインは敬三にちなんでウイスキー樽をイメージし、形状は前後・上下の二方向で中央がふくらみを帯びる楕円形で、内壁は木材で全面が覆われている。敬三は在学時代に学び、食品化学研究所を開いた中之島の地に建つ母校の建物に、その名を残すこととなった。

哀悼を捧げた多彩な面々

　生前、多方面で活躍した敬三の人脈は幅広く、葬儀への参列者の数だけでも、いかにその死が惜しまれたかが窺える。さらに『佐治敬三追想録』に追想文を寄せた面々を見れば、海外を含め、そのことは一層明瞭となる。『追想録』は一周忌を迎えるにあたり、生前に交流のあった人々に寄稿を依頼して、平成12年（2000）11月1日に刊行された。ここには159名の追想文、日本各地のクラブのママ10名による座談会、親族による追想と謝辞が掲載された。

　159名のうち学生時代から海軍時代の友人13名、サントリー関係者10名余、業界関係者（酒造・酒販・飲食・広告）15名、その他経済界・メディア関係者61名、政治家7名、研究者13名、音楽関係者15名をはじめとする文化・芸術関係27名が含まれ、外国人では音楽関係者やワイナリーのオーナー等24名が名を連ねた。政界からは自由社会研究会で親交があった元首相の宮澤喜一や地元・大阪選出の塩川正十郎、財界からは稲盛和夫（京セラ）・大賀典雄（ソニー）・堤義明（セゾングループ）・豊田章一郎（トヨタ自動車）、研究者では梅棹忠夫（国立民族学博物館名誉教授）・森嶋通夫（ロンドン大学名誉教授）・山崎正和（大阪大学名誉教授）、音楽関係では指揮者の小澤征爾やチェリストのヨーヨー・マ、文化・芸術関係では茶道・裏千家の千宗室、作家の倉本聰・小松左京、俳優の宇津井健、その他にも建築家の安藤忠雄、読売新聞の渡邉恒雄等、錚々たる面々であった。

　いずれの追想も個別具体的なエピソードに富み、生前の交流と敬愛の深さを物語っている。そこから伝わってくる敬三の人物像は、豪放磊落、明朗快活、軽妙洒脱、サービス精神旺盛な姿である。だが意外にも、家族の目に映った敬三は、読書を好み内向的で物静かで、小心で繊細でシャイで真面目な男であった。そのことは、本人も自覚するところでもあった。おそらくこちらが本質であり、素の佐治敬三だった。だからこそ「努力して、努力してパフォーマンスしたのよ」と、妻のけい子は語っている。敬三が家を一歩出て身を置いたのは、一瞬の気の緩みも許されない過酷な戦場であった。極限状態の外界と接続し、様々な顔を演じ分けるためには、別人格の「佐治敬三」が基本設定として必要だったのではないだろうか。

　そうは言っても、学術・研究、文化・芸術、スポー

ツ等に惜しみない支援を贈る姿は、極めて素に近かったと思われる。演じていたとすれば、支援の要請や金額の多さにたじろぎ、頭の中で算盤をはじきながらも、平然と気前よく応じる、というような場面であったのかも知れない。研究者の多くは異口同音に、研究支援を願い出て快諾されたことへの感謝を述べている。しかも信治郎が「陰徳」を旨としたのに対し、よく「陽徳でもええやないか」と語った大っぴらな態度は、寄附を求める人々が跡を絶たない状況を招くこと必至であった。それでもなお、学問・文化を大切にする姿勢を貫き通した敬三は、まさに戦後大阪の大旦那と呼ぶに相応しい。

南地の料亭・大和屋の女将・坂口純久も、『追想録』に寄稿した一人である。常連客に、戦後を代表する小説家で、敬三とほぼ同時代を生きた司馬遼太郎（1923-1996）がいた。時代を見る目に長けていたであろうはずの司馬が、こう語っていたという。「ナァ、女将さん。船場の大旦那は、佐治さんが、ホンマに最後やろなぁ」。

大旦那の再来はあるか

敬三は長期的視野で物事を捉え、先見の明を持った、間違いなく不世出の傑物であった。没後20年を経た現在にあって、ますますそのことが実感される。ウイスキーは世界的に原酒不足に陥るなか、世界一の量産と貯蔵を可能にする体制の整備と、世界各国のメーカーとの提携・買収を進めてきた。1990年代初頭の東西冷戦終結後は自由主義経済の市場原理が主導してグローバル化が拡大・深化し、特に東～南アジア・中南米の経済成長は著しく、それを背景とするインバウンドは今日の日本経済に不可欠の要素となったが、日中国交正常化への筋道を付け、中国やメキシコ等に進出し、商工会議所会頭として各地と協定を結び、世界ビジネスコンベンションを開催し、関西国際空港の開港のアピールに努める等、後発国も含めた国際化を求めてきた。そして小泉改革により2004年から予算が年々削減される日本の国立大学が自主財源や外部資金調達を求められるなか、大学や研究者に対して早くから様々な支援を行って

『佐治敬三追想録』平成12年（2000）（個人蔵）

きた。バブル崩壊後の平成不況により日本経済は東京への一極集中が進み、大阪・関西経済の地盤沈下が叫ばれて久しいが、あくまで大阪を拠点に大阪・関西から日本経済を盛り上げようとしていた敬三の存在がなかったら、状況はどこまで悪化していたか、想像するのも恐ろしい。

敬三のような大旦那の再来は、果たしてあるのだろうか。大旦那・佐治敬三を生み出したのは、個人的資質や家庭環境ももちろん無視できないが、基本的には日米同盟の安全保障体制の下で軽武装・経済優先を国是として選択し得た戦後日本という歴史的条件の影響が最も大きいと考えられる。司馬の先の発言は、こうした理解に基づいている。しかし現在、オリンピックや万博といったビッグイベントに起爆剤の役割を期待する旧態依然とした状況に多くの市民は明るい未来の展望を描けず、各国指導者が市場経済原理とは次元を異にする経済政策を外交カードとして用い、軍備強化・軍事技術開発が公然と進められようとしている自国優先の国際情勢は人々に不安を募らせる。ますますもって先行きの不透明な時代に突入していくなか、当面のところ大旦那の登場は期待することは難しい。その再来はいつになるのか、それが実現した時代の大阪はいかなる状況なのだろうか。本書で敬三の事績を振り返ることで、想像をたくましくしていただければ幸いである。

佐治敬三略年譜

和暦	西暦	年齢	月日	事項（佐治敬三／寿屋・サントリー）	事項（日本／世界）
明治32	1899		2.1	鳥井信治郎が鳥井商店開業（現・サントリー創業）	治外法権撤廃。義和団事件（北清事変）（中）
35	1902				日英同盟成立
37	1904				日露戦争
40	1907		4.1	「赤玉ポートワイン」（現・「赤玉スイートワイン」）発売	三国協商（英・仏・露）成立
43	1910				大逆事件。韓国併合
44	1911				辛亥革命（中）
大正3	1914				第一次世界大戦。パナマ運河開通
6	1917				ロシア革命
7	1918				米騒動。原敬政友会内閣成立
8	1919	0	11.1	鳥井信治郎・クニの次男として大阪市に生まれる	三・一独立運動（中）。ヴェルサイユ条約調印。ワイマール憲法（独）。禁酒法（米）
9	1920	1			国際連盟成立
10	1921	2	12.1	株式会社寿屋設立。東京出張所を開設	
11	1922	3	-.-	日本初のヌード写真を使った「赤玉ポートワイン」のポスターを制作	ワシントン海軍軍縮条約締結。ソヴィエト連邦成立
12	1923	4	10.1	ウイスキー山崎工場の建設着手	関東大震災
			-.-	雲雀丘に転居、「家なき幼稚園」に通う	
13	1924	5	12.-	日本で初めて本格モルトウイスキーの蒸留を開始	
14	1925	6			治安維持法・普通選挙法公布
昭和元	1926	7	4.1	大阪府立池田師範学校附属小学校（現・大阪教育大学附属池田小学校）に入学	
3	1928	9	12.-	日英醸造（カスケードビール）を買収	パリ不戦条約締結
4	1929	10	4.1	日本初の本格的ウイスキー「サントリーウイスキー白札」発売	世界恐慌
			-.-	「新カスケードビール」発売	
5	1930	11	5.1	「オラガビール」発売	ロンドン軍縮条約締結
6	1931	12	3.1	兄・吉太郎が寿屋入社	満州事変
7	1932	13	3.15	吉太郎が取締役副社長に就任	五・一五事件
			4.-	浪速高等学校（七年制）尋常科に入学。この頃、佐治家の養子となり佐治姓を名乗る	
8	1933	14	8.23	母・鳥井クニ死去（享年46歳）	ヒトラー首相就任（独）。国際連盟脱退
			-.-	恩師・佐谷正に出会い、人生の自覚に芽生える	
9	1934	15	2.1	ビール事業から撤退。工場を売却	
			6.21	川上善兵衛と共同で寿葡萄園（現・岩の原葡萄園）設立	
10	1935	16	-.-	この年、後半からほぼ一年間学校を病欠し留年	二・二六事件
11	1936	17	10.11	山梨農場（現・登美の丘ワイナリー）でブドウ栽培とブドウ酒製造開始	
12	1937	18	-.-	「サントリーウイスキー角瓶」発売	日中戦争
			4.1	浪速高等学校高等科に進学	
			夏	弟・道夫と岩の原葡萄園滞在、寿屋山梨農場へ	
13	1938	19	4.-	芝・増上寺の修養団に参加	国家総動員法成立。河合栄治郎著書発禁処分
14	1939	20			第二次世界大戦
15	1940	21	4.-	大阪帝国大学（現・大阪大学）理学部化学科に入学	日独伊三国軍事同盟締結。仏領インドシナ北部に進駐
			9.13	取締役副社長の兄・鳥井吉太郎死去（享年31歳）	
16	1941	22			日ソ中立条約。ABCDライン。太平洋戦争
17	1942	23	9.-	大阪帝国大学繰り上げ卒業。海軍技術士官に	
19	1944	25	12.-	東大前総長の平賀譲三女・好子と結婚	
20	1945	26	3.23	空襲により大阪市東区住吉町の本社社屋焼失、大阪工場全焼	ヤルタ会談。ポツダム宣言受諾。財閥解体指令。国際連合成立
			9.-	復員	
			10.1	GHQよりウイスキーの納品を命じられる。敬三が寿屋入社	
			11.25	長男・信忠誕生、翌月に好子死去	
21	1946	27	2.6	食品化学研究所（現・サントリー生命科学財団）を創設し所長に就任（〜昭和36年）	
			4.1	「トリスウイスキー」、戦後初の発売	
			11.1	家庭向け科学雑誌『ホームサイエンス』を創刊	
22	1947	28	1.22	大分工場（臼杵市）竣工	日本国憲法施行
23	1948	29			経済安定九原則の要求
24	1949	30	3.17	住友海上会長大平賢作の三女けい子と結婚	北大西洋条約機構（NATO）結成。シャウプ勧告。中華人民共和国成立。湯川秀樹ノーベル賞受賞
			10.9	戦後最初の新聞広告で、「トリスウイスキー」の広告を出す	
			11.11	専務取締役に就任（〜昭和36年）	
25	1950	31	2.26	長女・春恵誕生	朝鮮戦争。警察予備隊創設
			-.-	大阪青年会議所の設立に関与	
			4.1	「サントリーウイスキー オールド」発売	
			-.-	キャッチフレーズ「洋酒の寿屋」を定める	
26	1951	32	6.15	内閣総理大臣・吉田茂、山崎工場を見学	サンフランシスコ平和条約調印。日米安全保障条約調印
			12.29	民間ラジオ放送開始、「百万人の音楽」の番組提供	
28	1953	34	9.1	民放テレビスタート、初めてのテレビCM「今日と明日のお天気」提供	NHK、テレビ放送開始
			10.10	新国民歌「われら愛す」発表	
29	1954	35	4.-	山崎隆夫を宣伝部長として招く。この頃、柳原良平、坂根進、開高健、山口瞳らも加わって、トリス広告文化時代を築く	自衛隊発足
			7.1	大阪青年会議所理事長に就任（〜昭和31年）	
			11.12	日本洋酒酒造組合理事長に就任	
30	1955	36			神武景気。第1回アジア・アフリカ会議。ワルシャワ条約機構結成
31	1956	37	4.10	PR誌『洋酒天国』発刊（編集長・開高健）	日ソ共同宣言。国際連合加盟
			6.14	山梨葡萄専修学校と寿屋葡萄研究所を開設	
			11.-	トリスバー、サントリーバーを「寿屋の洋酒チェーンバーとして組織」	
33	1958	39	2.7	山崎工場の第一期増設	アメリカ、人工衛星打上げに成功
			6.1	多摩川工場が竣工し東京に本格進出	
			10.20	「ヘルメス・デリカワイン」発売	
34	1959	40	4.17	ウィーンで開かれたヨーロッパ国際広告会議に夫妻で出席	岩戸景気。ソ連月ロケット、月の裏面の撮影に成功。キューバ革命
			7.2	「総合広告電通賞」を受賞、以降1999年まで15回受賞	
			11.28	TV番組「ローハイド」を単独提供で毎週土曜日夜放送。この主題歌が後のパーティーでの十八番に	
35	1960	41	春	ビール事業進出の決意を父・鳥井信治郎に伝える	日米新安全保障条約調印。OPEC設立。国民所得倍増計画。アフリカの年
			5.	中央酒類審議会委員就任	
			8.2	創業60周年記念製品「サントリーウイスキーローヤル」発売	

佐治敬三略年譜

和暦	西暦	年齢	月　日	事項（佐治敬三／寿屋・サントリー）	事項（日本／世界）
昭和35			12.20	初の著書、世界酒の探訪記『洋酒天国』を文藝春秋社より発刊	
			－.－	創業60周年記念事業として大阪大学へ酵素化学研究所、日本化学会へ図書館を寄贈	
36	1961	42	5.30	寿屋社長に就任。鳥井信治郎は会長に	
			9. 8	ビール事業進出を正式発表	
			9.11	「トリスを飲んでハワイへ行こう」キャンペーン	
			10. 9	サントリーウイスキーが、アメリカでジャパニーズウイスキーとして初めてのラベル登録承認を受ける	
			10.－	欧州のビール銘醸地を巡る第一回「ビアライゼ」の旅に出る	
			11.20	サントリー美術館開館、初代館長となる（～平成11年）	
37	1962	43	2. 1	㈳総合デザイナー協会理事長就任（～平成11年）	キューバ危機
			2.20	父・鳥井信治郎死去（享年83歳）	
			2.25	学校法人雲雀丘学園理事長就任（～平成11年）	
			5.21	メキシコ現地資本との共同出資でサントリー・デ・メヒコ社（メキシコ）設立	
			10.－	開高健らと第二回「ビアライゼ」へ	
38	1963	44	1.25	国際部新設	
			3. 1	寿屋、社名をサントリー株式会社に変更	
			4.15	日本YPOの設立に関与	
			4.20	初のビール生産拠点の武蔵野工場竣工	
			4.27	サントリービール発売。「クリーン＆マイルド」なデンマークタイプ	
			9. 1	食品営業部新設	
			9. 2	ロサンゼルス事務所開設	
39	1964	45	3.20	「サントリーウイスキー レッド」発売。ニッカウヰスキーと「五百円戦争」	国鉄新幹線運行開始。東京オリンピック開催
			5.25	高級ワイン「サントリーシャトーリオン」発売	
			11.20	㈳大阪広告協会会長就任（～平成11年）	
40	1965	46			日韓基本条約調印。インド・パキスタン紛争
41	1966	47	5.21	日本万国博広報専門調査委員就任	文化大革命（中）
42	1967	48	3. 1	全デンマーク産業組合より産業功労者としてオスカー賞を受賞	第3次中東戦争。ヨーロッパ共同体（EC）結成
			4.20	サントリービール＜純生＞発売。「生ビール戦争」。	
			5. 9	国際広告協会世界大会（メキシコ）において特別公演を行う	
			6.15	メキシコ名誉領事に任命される	
			7. 1	㈳日本青年社長会（YPO）会長就任（～昭和44年）。ニューヨーク駐在員事務所（アメリカ）開設	
			7. 7	サントリー・インターナーショナル社（アメリカ）設立	
43	1968	49	2.11	大阪広告協会が創立20周年記念事業として「大阪広告協会サントリー奨励賞」（現・「やってみなはれ 佐治敬三賞」）制定	
44	1969	50	2.19	ビール第二の生産拠点として桂工場（現・京都ビール工場）開設	「アポロ11号」によって人類初の月面着陸に成功（米）
			6. 1	社史『サントリーの70年 やってみなはれ みとくんなはれ』発行	
			6.17	創業70周年記念製品「サントリーウイスキー スペシャルリザーブ」発売、「国産品と呼ばず、国際品と呼んでください」と謳う	
			12.26	鳥井音楽財団（現・サントリー芸術財団）設立し初代理事長となる（～平成11年）。鳥井音楽賞制定	
45	1970	51	2.19	「サントリーミネラルウォーター」発売	大阪で日本万国博覧会開催。核拡散防止条約（NPT）発効
			3.11	日本万国博覧会「サントリー館」竣工	
			4. 9	㈳関西経済同友会代表幹事に就任（～昭和47年）、日中国交回復を提言	
			9.28	メキシコシティーに初の日本式レストラン「レストランサントリー」オープン	
			9.－	創業70周年記念として大阪大学に寄附した醗酵工学科研究棟（サントリー記念館）が竣工	
46	1971	52	3.29	サントリー本社ビル（大阪市）竣工	スミソニアン体制（通貨の自由化）。中華人民共和国が国連復帰。印パ戦争
			6.21	「ロンドン駐在員事務所」開設	
			7. 7	日本で初めて公共広告を行う㈳関西公共広告機構（現・ACジャパン）を設立、初代理事長に就任（～平成6年）	
			9.15	訪中関西財界代表団に参加、日中国交回復の先駆けとなる	
47	1972	53	2. 1	洋酒拡売に「二本著作戦」を展開	ニクソン大統領中国訪問。沖縄復帰。日中国交正常化
			2.17	サントリーフーズ設立	
			9.－	「金曜日はワインを買う日」キャンペーン	
48	1973	54	2. 1	白州ディスティラリー開設	円の変動為替相場制移行。第4次中東戦争。オイルショック
			4. 1	新社是を発表	
			4.－	バレーボールチーム結成（現・サントリーサンバーズ）	
			5.－	第一回愛鳥キャンペーン実施	
			10.－	酒類産業功労者として、大蔵大臣表彰を受ける	
			12.11	中央研究所（大阪府三島郡島本町）開設	
49	1974	55	3. 1	サントリー・インターナショナル社のニューヨーク支店開設	
			7. 5	「オレンジ50」発売	
			11.13	日本ワイナリー協会会長就任	
			秋	適塾記念会理事就任（～平成11年）	
50	1975	56	3.12	サントリー東京支社ビル竣工、サントリー美術館を移転	ヴェトナム戦争終結
			4. 2	総合会議において第一次五ヵ年計画で「超酒類企業」を掲げる	
			10.17	山梨ワイナリーで、日本初の貴腐ブドウを収穫	
			11.25	著書『新洋酒天国』を文藝春秋社より発刊	
51	1976	57	2.－	関西財界セミナー（関経連主催）で「鉄が国家なら、ウォータービジネスも国家なり」と発言	ロッキード事件
			6.11	第一回全社員セールスマン作戦実施	
			10. 6	酒類業への功労に対し、藍綬褒章を受章	
52	1977	58	4.28	衆議院商工委員会で独禁法改正企業分割論に、"私の身体を二つに"と発言	
			5.－	㈳関西経済連合会副会長就任（～昭和57年）。油彩に初挑戦、「花とウイスキー」を制作。以後、政経文化画人展に毎年出展	
			8.17	自由社会研究会（理事長・盛田昭夫）が結成され副理事長となる。	
53	1978	59	3.－	ロンドン大学にサントリー＆トヨタ基金創設	日中平和友好条約締結
			6.－	㈳経済団体連合会常任理事就任	
			10.－	経済審議会総合部会委員就任	
			12. 5	鳥井音楽財団がサントリー音楽財団に改称	

87

和暦	西暦	年齢	月 日	事項（佐治敬三／寿屋・サントリー）	事項（日本／世界）
昭和54	1979	60	2. 1	㈶サントリー文化財団を設立し、理事長に就任（～平成7年）	イラン革命。朴正煕大統領暗殺（韓）。ソ連のアフガニスタン侵攻
			5.－	麦酒酒造組合代表理事就任。ウイスキー博物館開設	
			6.－	㈶自然公園美化管理財団会長就任	
			7.21	医薬事業本部新設	
			11.12	食品化学研究所がサントリー生物有機科学研究所と改称	
			11.27	生物医学研究所新設	
	55	1980	61	2.27	サントリー生物有機科学研究所理事長に就任（～平成11年）	
			3.14	サントリー文化財団が国際シンポジウム「日本の主張」開催	
			3.25	総合会議において第二次五ヵ年計画で「生活文化企業」を掲げる	
			4.28	ラグビーフットボールクラブを結成（現・サントリーサンゴリアス）	
			10. 1	サントリー・インターナショナル社がペプコム社（アメリカ）を買収	
			11.－	税制調査会委員就任	
56	1981	62	8. 4	TBSブリタニカの日本における出版販売権取得	在イラン米大使館人質事件解決
			9.27	中国で初の国際マラソン「'81北京国際マラソン」開催に協賛	
			12. 7	サントリー缶入りウーロン茶発売	
			12.－	㈶日本鳥類保護連盟副会長就任	
57	1982	63	8.28	日本で初めてブロードウェイキャストによるミュージカル「ダンシン」を公開	フォークランド紛争
			10.－	㈶世界自然保護基金日本委員会（WWFJ）副会長就任	
			11.13	大阪教育大学附属池田小学校同窓会会長に就任（～平成11年）	
58	1983	64	3. 1	北京事務所（中国）開設	
			5.－	産業構造審議会情報産業部会委員就任	
			7.－	日本ユネスコ国内委員会会長就任	
			11.－	㈶千里文化財団理事長就任	
			12. 4	第一回「サントリーオールド一万人の第九コンサート」開催（大阪城ホール）。逝去の前年まで、毎年バリトンで「歓喜」を歌う	
			12.15	シャトー・ラグランジュを取得	
			－.－	サントリーミステリー大賞創設	
59	1984	65	3.14	「サントリーシングルモルトウイスキー山崎」発売	
			5. 7	文化貢献により、ポルトガル政府から功労賞受賞	
			5.16	ボルドー地方メドック・グラーブ・サンテミリオン地区の「ボンタン騎士団」の正会員になる	
			11. 1	中国江蘇三得利食品有限公司設立	
			11.24	「ハーゲンダッツショップ」第一号店を東京・青山にオープン	
60	1985	66	3. 1	開放政策の進む中国を日本商工会議所ミッションで再度公式訪問。中国語で「北国の春」を歌う	男女雇用機会均等法成立
			3.17	科学万博つくば'85に「燦鳥館」出展	
			9.18	シャトー・ラフィット・ロートシルトと業務提携	
			10. 1	サントリー・インターナショナル社がケントウッド・スプリング・ウォーター社（アメリカ）を買収	
			12. 2	大阪商工会議所会頭就任（～平成4年）、「美感遊創」をキャッチフレーズに	
61	1986	67	2.14	㈶国際花と緑の博覧会協会副会長就任	チェルノブイリ原発事故（ソ）
			3. 4	「サントリー生ビール＜モルツ＞」発売	
			5.13	フランス芸術文化勲章の最高位コマンドール受章	
			7.－	産業構造審議会委員就任	
			10.12	「サントリーホール」開設、館長に就任（～平成11年）。オープニングセレモニーでパイプオルガンの鍵盤Aを押す	
			10.16	ドイツ連邦共和国政府より功労勲章大功労十字章を受章	
62	1987	68	2.24	メキシコ政府からアギラ・アステカ勲章を受章	国鉄民営化、JR各社発足
			11. 3	スウェーデン王立理工学アカデミーの会員となる	
63	1988	69	2.23	「サントリードライ」発売。「ドライ戦争」	青函トンネル開業。瀬戸大橋開通。リクルート事件
			2.28	TBS系特集報道番組で遷都論に絡んだ「熊襲発言」	
			10. 1	ロバートヴァイル社（ドイツ）を買収	
			10.12	アライド・ライオンズ社（イギリス）と資本業務提携	
			10.－	㈶大阪バイオサイエンス研究所理事長就任	
			11.25	オーストリア共和国からコマンダークロス勲章受章	
			12.－	国民生活審議会臨時委員就任。㈳経済団体連合会評議員会副議長就任	
平成元	1989	70	3.28	佐治信忠が取締役副社長就任	消費税導入。天安門事件（中）。マルタ会談。ルーマニア革命
			4. 3	創業90周年記念ウイスキー「サントリーウイスキー 響」発売	
			4.－	フラワービジネス第一弾「サフィニア」発売	
			5.21	創業90周年を記念し、不易流行研究所設立	
			10.－	スコットランド「ゼ・キーパーズ・オブ・ゼ・クェイク」正会員に推され認証式に出席	
			11. 1	「サントリー南アルプスの天然水」発売	
			11. 3	酒類業界および産業経済の発展に寄与したことにより勲一等瑞宝章を受章	
2	1990	71	3.27	サントリー会長に就任。鳥井道夫副社長が副会長に、鳥井信一郎副社長が社長に就任	花の万博開催。東西ドイツ統一
			4. 1	花博協会会長代行として活躍、来場観客は2千3百万人を数える。国際花と緑の博覧会に「サントリー館」出展。コーポレートマークとして「響」マーク導入	
			4.－	金融制度調査会委員就任。セレボス・パシフィック社（シンガポール）を買収	
			7. 4	フランス政府よりレジオン・ドヌール・オフィシエ章を受章	
			9.20	フランス・ボルドーに「シャトー・ベイシュベル国際現代芸術センター」開設	
			9.－	ブルゴーニュのシュバリエ・ド・タートバンの正会員に叙任	
			11. 4	念願のヒマラヤ行きを果たし、高度6000メートルの機上からエベレストを撮影	
3	1991	72	1. 1	完全週休2日制導入	湾岸戦争。ソ連邦崩壊
			5.24	第一号新薬、抗不整脈薬「サンリズム」発売	
			11. 4	イタリア政府からイタリア共和国功績勲章コメンダトーレを受章	
			11.12	大阪コミュニティ財団設立、理事長となる	
			12.－	文化交流の貢献に対し、オランダ王国のベアトリクス女王よりオレンジ・ナッソウ勲章受章	
4	1992	73	2. 3	第三回飛騨古川音楽大賞特別賞受賞	PKO協力法成立
			5.－	ロマネ・コンティと提携し国内での独占輸入販売権を取得	
			6. 1	榛名工場開設	
			6.－	㈳経済広報センター副会長就任	

佐治敬三略年譜

和暦	西暦	年齢	月 日	事項（佐治敬三／寿屋・サントリー）	事項（日本／世界）
平成5	1993	74	3.12	ポートワインの振興団体「ポートワイン・コンフリア」の名誉会員になる	Jリーグ開幕。細川内閣成立（55年体制終結）。EU成立
			3.24	「ザ・カクテルバー」発売	
			3.-	㈶大阪21世紀協会会長に就任（～平成11年）	
			4.1	日経新聞「私の履歴書」を連載	
			11.1	健康食品「セサミン」発売	
6	1994	75	2.18	日本経済新聞社より自伝『へんこつ　なんこつ』発刊	Vリーグ開幕
			5.-	㈳公共広告機構会長就任。「サントリーシングルモルトウイスキー白州」発売	
			9.26	モリソン・ボウモア社（イギリス）を買収	
			11.3	サントリーミュージアム［天保山］開設、初代館長となる（～平成11年）	
			11.21	サントリーホールの運営と活動に対して「メセナ大賞'94」を受賞	
			-.-	大阪大学医学部附属病院で肺がんの手術を受ける	
7	1995	76	4.26	21世紀の関西を考える会が発足し代表委員（座長）就任（～平成11年）	世界貿易機構WTO発足。阪神・淡路大震災。地下鉄サリン事件
			9.1	第一句集『自然薯』を角川書店より発刊	
			9.2	大阪・梅田近代美術館にて「佐治敬三の美感遊創」展を開催	
			9.-	上海事務所（中国）開設	
8	1996	77	2.25	ラグビー日本一の栄冠に輝く。国立競技場で胴上げ	
			4.4	東京・紀尾井町の文春ギャラリーにて「佐治敬三の美感遊創」展を開催	
			4.27	サントリービール公園熊本オープン	
			5.28	発泡酒「スーパーホップス」発売	
			6.-	シャトー・ラグランジュで「ボンタン騎士団」特別祭を敬三が主催	
			7.19	桂ビール工場、ISO9002認証取得（日本のビール業界で初めて）	
			11.18	無菌充填のミネラルウォーター専用工場「南アルプス天然水白州工場」竣工	
9	1997	78	2.18	「仮名手本ハムレット」ニューヨーク公演を観劇	香港返還。山一證券破綻
			3.2	「佐治さんありがとうの会」サントリーホールで開催	
			5.30	渡邊暁雄音楽基金・特別賞を受賞。日本文化デザイン賞を受賞	
			7.1	「サントリー環境基本方針」制定	
			10.27	遺伝子組み換えによるブルー系カーネーション「ムーンダスト」発売	
			12.15	ペプシコ社（アメリカ）とマスターフランチャイズ権取得に関して契約締結	
10	1998	79	3.20	第二句集『仙翁花』を朝日新聞社より発刊	長野オリンピック開催
			4.2	『仙翁花』出版パーティを東京會舘で開催	
			6.30	食品新工場サントリー高砂工場（兵庫県）着工	
			10.6	㈶NHK交響楽団より第18回有馬賞を受賞	
			11.3	1998年度大阪文化賞を受賞	
			11.-	サントリービール昆山有限公司（中国江蘇省昆山市）設立	
11	1999	80	3.9	「サントリースーパーチューハイ」発売	欧州単一通貨（ユーロ）、11か国で始まる。国旗・国歌法成立
			3.16	ウィーン・フィルハーモニー管弦楽団より「フランツ・シャルク金メダル」を贈呈される	
			3.22	創業100周年謝恩コンサート開催	
			4.9	創業100周年記念式典を大阪城ホールで挙行、新たな出発に全社員7千人を激励	
			6.10	辛口発泡酒「マグナムドライ」発売	
			11.3	死去（享年80歳）。正三位旭日大綬章が贈られる	
			11.4	北御堂（大阪）で通夜	
			11.5	北御堂（大阪）で密葬	
			12.2	故人が愛したサントリーホールで社葬	
12	2000		3.17	山崎蒸溜所「サントリー山崎ウイスキー館」開館	
			12.1	「グレンフィディック」の日本での輸入販売開始	
			-.-	サントリーの最高峰ワイン「登美1996」が2000年度の国際コンクールでチャンピオンに選ばれる	
13	2001		3.29	サントリー音楽財団が「サントリー音楽賞」に特別賞として「佐治敬三賞」の創設を発表	アメリカ同時多発テロ。テロ対策特別措置法成立。
			3.-	4代目社長に佐治信忠（敬三長男）就任	
15	2003		-.-	「サントリーシングルモルトウイスキー　山崎12年」が酒類国際コンペティション「インターナショナル スピリッツ チャレンジ2003」（ISC）にて金賞受賞	イラク戦争でフセイン体制崩壊。有事法制関連3法成立。イラク復興支援特別措置法成立
16	2004		6.-	世界初の「青いバラ」開発に成功したことを発表	スマトラ島沖地震（インドネシア）。
			-.-	「サントリーウイスキー　響30年」が酒類国際コンペティション「インターナショナル スピリッツ チャレンジ2004」（ISC）にて日本初の最高賞トロフィー受賞	
17	2005		-.-	「ザ・プレミアム・モルツ」が日本で初めて「モンドセレクション」ビール部門で最高金賞受賞（6月発表）	愛知万博開催
19	2007		3.-	サントリー美術館が東京ミッドタウン（六本木）に移転	郵政民営化
20	2008		11.3	遺句集『千年の葡萄』を角川学芸出版より刊行	四川大地震（中）。リーマンショック
			-.-	「サントリーウイスキー響30年」が「インターナショナル・スピリッツ・チャレンジ2008」（ISC）史上初となる3年連続4回目となる最高金賞トロフィー受賞	
21	2009		9.1	公益財団法人サントリー芸術財団設立	新型インフルエンザが流行。民主党政権成立
			11.-	オランジーナ・シュウェップス・グループの全株取得	
22	2010		-.-	「アイコンズ・オブ・ウイスキー2010」で「ウイスキー・ディスティラー・オブ・ザ・イヤー」受賞（2月発表）	
			12.26	サントリーミュージアム［天保山］閉館	
23	2011				東日本大震災。ジャスミン革命
24	2012		5.24	「世界のウイスキー、100人のレジェンド」に鳥井信治郎・佐治敬三が選出	
25	2013		7.3	サントリー食品インターナショナルが東証1部上場	特定秘密保護法公布
26	2014		5.1	ビーム・サントリー設立	集団的自衛権の行使容認を閣議決定。エボラ出血熱の感染拡大。
			10.-	5代目社長に新浪剛史就任	
27	2015				安全保障関連法成立
28	2016				熊本地震
30	2018		-.-	世界最大級のワインコンクール「IWC」にて「登美 赤 2013」が日本ワインで初めて部門最高賞トロフィーを受賞（5月23日発表）	

※サン・アド編『みとくんなはれ　サントリーの70年Ⅱ』（サントリー、1969年）、佐治敬三『へんこつ　なんこつ』（日本経済新聞社、2000年。初出1994年）、サントリー編集・発行『日々新たに――サントリー百年誌』（1999年）、サントリー編集・発行『佐治敬三追想録』（2000年）、小玉武『ミネルヴァ日本評伝選　佐治敬三――夢、大きく膨らませてみなはれ――』（ミネルヴァ書房、2012年）に掲載の年表に、各種関係団体の年史・HP等を参考に加筆して作成した。

【主要参考文献】

・全体に関わるもの

伊木稔『文化を支えた起業家たち──「志」の源流と系譜──』ミネルヴァ書房、2016年

片山修『おもろいやないか──佐治敬三とサントリー文化──』集英社、2000年

上之郷利昭『佐治敬三の「不屈の経営」』講談社、1987年

北康利『佐治敬三と開高健　最強のふたり』講談社、2015年

黒木靖夫・野村正樹『盛田昭夫　佐治敬三　本当はどこが凄いのか‼』講談社、2000年

小玉武『『洋酒天国』とその時代』筑摩書房、2011年（初版2007年）

小玉武『ミネルヴァ日本評伝選　佐治敬三──夢、大きく膨らませてみなはれ──』ミネルヴァ書房、2012年

サン・アド編『みとくんなはれ　サントリーの70年』Ⅰ・Ⅱ、サントリー、1969年

サントリー編集・発行『夢大きく　サントリー90年史』1990年

サントリー編集・発行『日々新たに──サントリー百年誌』1999年

サントリー編集・発行『佐治敬三追想録』2000年

佐治敬三『洋酒天国　世界の酒の探訪記』文藝春秋社、1960年

佐治敬三『新洋酒天国　世界の酒の旅』文藝春秋、1975年

佐治敬三『へんこつ　なんこつ』日本経済新聞社、2000年（初版1994年）

杉森久英『美酒一代──鳥井信治郎伝──』新潮文庫、1986年（初版1983年、毎日新聞社）

野村正樹『佐治敬三　心に響く33の言葉』学陽書房、2003年（初版2000年、経済界）

廣澤昌『新しきこと　面白きこと　サントリー・佐治敬三伝』文藝春秋、2006年

山口瞳・開高健『やってみなはれ　みとくんなはれ』新潮文庫、2003年（初出1969年）

・第1章

〈家なき幼稚園〉

安宅猛編集責任『室町並びに室町幼稚園の沿革』室町会、1996年

木村源三郎編集責任『室町のあゆみ』室町会編、1958年

雲雀丘学園創立30周年記念誌編集部『創立三十周年記念誌』雲雀丘学園、1980年

室町学園編『室町幼稚園60年の歩み』室町学園室町幼稚園、1984年

山崎千恵子編『橋詰せみ郎エッセイ集──「愛と美」誌より──』関西児童文化史研究会、1990年

〈池田師範学校附属小学校〉

大阪教育大学教育学部附属池田小学校創立80周年記念誌編集委員会編著『わが校八十年の歩み』1988年

大阪教育大学教育学部附属池田小学校編『創立90周年記念誌　わが校90年の歩み』創立90周年記念事業準備委員会、1998年

大阪教育大学附属池田小学校編集・発行『わが校百年の歩み　大阪教育大学附属池田小学校創立100周年記念誌』2008年

廣畑力『史料でみる大阪府池田師範学校の軌跡』2003年

〈浪速高等学校〉

旧制浪速高等学校同窓会資料収集委員会編『待兼山　青春の軌跡──旧制浪速高等学校創立70周年記念誌』旧制浪速高等学校同窓会、1995年

佐谷正先生追想録編纂会編集・発行『佐谷正先生追想』1967年

〈大阪帝国大学〉

大阪大学五十年史編集実行委員会編『大阪大学五十年史　通史』大阪大学、1985年

大阪大学五十年史編集実行委員会写真集小委員会編『写真集　大阪大学の五十年』大阪大学、1981年

高杉英一・阿部武司・菅真城『大阪大学の歴史』大阪大学出版会、2009年

西尾幾治編『大阪帝国大学創立史〈復刻版〉』大阪大学出版会、2004年（初版1935年）

〈海軍燃料廠〉

埼玉県平和資料館編集・発行『戦争と庶民生活──欲しがりません勝つまでは──』1996年

燃料懇話会『日本海軍燃料史（上・下）』原書房、1972年

・第2章

〈宣伝部〉

開高健監修・サントリー広報室編『アンソロジー洋酒天国』1～3、サントリー、1983・83・85年

坂根進編『トリス広告25年史』サン・アド、1975年

塩沢茂『ドキュメント　サントリー宣伝部』講談社、1986（初版1983年、日本経済新聞社）

谷沢永一『回想　開高健』新潮社、1992年

坪松博之『壽屋コピーライター開高健』たる出版、2014年

難波利三ほか『大阪で生まれた開高健』たる出版、2011年

柳原良平『アンクル・トリス交遊録』旺文社、1983年（初版1976年、大和出版）

〈ウイスキー〉

梅棹忠夫・開高健監修『ウイスキー博物館』講談社、1979年

輿水精一『ウイスキーは日本の酒である』新潮社、2011年

嶋谷幸雄・輿水精一『日本ウイスキー世界一への道』集英社、2013年

竹鶴政孝『ウイスキーと私』ニッカウヰスキー、1972年

80年史編纂委員会編『ニッカウヰスキー80年史1934-2014』ニッカウヰスキー、2015年

三鍋昌春『日本ウイスキーの誕生』小学館、2013年

〈ビール〉

アサヒビール株式会社120年史編纂委員会『アサヒビールの120年──その感動を、わかちあう。──』アサヒビール、2010年

稲垣眞美『日本のビール』中公新書、1978年

麒麟麦酒編『ビールと日本人　明治・大正・昭和ビール普及史』三省堂、1984年

〈ワイン〉

麻井宇介『日本のワイン・誕生と揺籃時代──本邦葡萄酒産業史論攷』日本経済評論社、2003年

木島章『川上善兵衛伝』サントリー、1991年

国立科学博物館・読売新聞社編『ワイン展──ぶどうから生まれた奇跡──』読売新聞社、2015年

小関智弘『越後えびかずら維新　日本ワイン葡萄の父／川上善兵衛異聞』小学館、2010年

鈴木光夫『神谷伝兵衛──牛久シャトーの創設者──』筑波書林、1986年

〈日本YPO〉

日本YPO事業委員会『躍進するYPO　日本YPO創立10周年

記念』1972年

日本YPO15周年特別委員会発行責任『世界にはばたく日本YPO　日本YPO創立15周年記念』日本YPO、1978年

日本YPO20周年特別委員会『明日の日本を考える――日本YPO　日本YPO創立20周年記念』1983年

日本YPO30周年特別委員会『日本YPO創立30周年記念』日本YPO、1993年

日本YPO50周年実行委員会『社団法人日本YPO50周年記念誌』2012年

〈関西経済同友会〉

関西経済同友会『昭和46年度事業報告』1972年

関西経済同友会編集・発行『語り継ぐ三十年史・関西経済同友会』1976年

関西経済同友会編集・発行『社団法人関西経済同友会五十年史』1997年

訪中関西財界代表団『訪中関西財界代表団報告書』1971年

〈関西経済連合会〉

『関経連四十年の歩み』関西経済連合会、1987年

『関経連五十年の歩み』関西経済連合会、1997年

『関経連70年の歩み』関西経済連合会、2017年

〈大阪商工会議所〉

大阪商工会議所編集・発行『大阪商工会議所百年史』1979年

『大商ニュース』大阪商工会議所

〈大阪21世紀協会〉

大阪21世紀協会編集・発行『文化立都――世界都市大阪をめざして［20年記念誌］』2002年

関西・大阪21世紀協会編集・発行『文化立都――都市格の向上をめざして　関西・大阪21世紀協会「30年記念誌」』2013年

〈21世紀の関西を考える会〉

『21世紀の関西を考える会　6年のあゆみ』2001年

〈自由社会研究会〉

清宮龍「四人の総理を生んだ会～「自由社会研」第二のスタートにあたって～」『サンサーラ』8-4、1997年

清宮龍『盛田昭夫・竹下登・フルシチョフ』善本社、2002年

清宮龍『リーダー60人　とっておきの秘話』テーミス、2009年

公文俊平「自民党研究――「政策集団」を裸にする6自由社会研究会」『月刊自由民主』269、1978年

針木康雄「7人の総理を生んだ盛田昭夫の「自由社会研究会」」『BOSS』23-12、2008年

・第3章

〈サントリー生命科学財団〉

『SUNBOR 40th ANNIVERSARY 1986』サントリー生物有機科学研究所、1986年

『SUNBOR 50th ANNIVERSARY 1996』サントリー生物有機科学研究所、1996年

〈サントリー芸術財団〉

安藤忠雄・三宅理一『サントリーミュージアム［天保山］』鹿島出版会、1995年

サントリー音楽財団『ポリフォーン』1～13、1987-93年

サントリー美術館編『サントリー美術館開館記念展　生活の中の美術展』1961年

サントリー美術館編集・発行『サントリー美術館　20年のあゆみ』1981年

サントリー美術館編集・発行『サントリー美術館――二十五年』1986年

サントリー美術館事務局編『開館三十周年記念　サントリー美術館名品展』サントリー美術館、1991年

サントリー美術館編『ポスターの歴史100年・変わりゆく女性像：サントリーミュージアム［天保山］開館記念』1995年

サントリー美術館『サントリー美術館コレクション：国宝・重要文化財を中心に』1996年

サントリー美術館編集・発行『サントリー美術館の軌跡と未来』2004年

『週刊朝日百科　日本の国宝093東京／出光美術館　畠山記念館　サントリー美術館』朝日新聞社、1998年

門馬直美編『サントリー音楽財団の20年』サントリー音楽財団、1990年

〈サントリー文化財団〉

サントリー文化財団『アステイオン』1～90、1986-2019年

サントリー不易流行研究所編『酒の文明学』中央公論新社、1999年

サントリー文化財団編集・発行『サントリー地域文化賞二十年の歩み「地域は舞台」』2000年

サントリー文化財団編集・発行『サントリー文化財団30周年記念　サントリー学芸賞選評集』、2009年

山崎正和ほか『「顔のない巨人」の顔』文藝春秋、1981年

山崎正和ほか『日本は「ただ乗りの大国」か』文藝春秋、1981年

山崎正和ほか『日本は世界のモデルになるか』文藝春秋、1983年

〈大阪広告協会〉

大阪広告協会編『大阪広告協会20年』大阪広告協会、1967年

大島忠雄編集・執筆『大阪広告協会の三十年』大阪広告協会、1978年

電通関西支社・大阪宣伝研究所編『㈹大阪広告協会創立50周年記念出版　創活／なにわの広告』大阪広告協会、1997年

〈関西公共広告機構〉

ACジャパン編集・発行『創設45周年記念キャンペーン作品集　ACジャパンの45年』2016年

〈総合デザイナー協会（DAS）〉

総合デザイナー協会『DAS　関西のデザイン50年』毎日新聞社、2006年

〈大阪コミュニティ財団〉

大阪コミュニティ財団編・三島祥宏著『コミュニティ財団のすべて』清文社、1996年

・終章

佐治玄鳥『自然薯　佐治玄鳥句集』角川書店、1995年

佐治玄鳥『仙翁花　佐治玄鳥句集』朝日新聞社、1998年

佐治玄鳥『千年の葡萄　佐治玄鳥句集』角川書店、2008年

あとがき

　サントリーという会社とは、比較的身近に感じながら育ってきた気がする。幼少期の1980年代は、テレビCMのペンギンのキャラクター、鷲尾いさ子の"鉄骨娘"、ウーロン茶は目や耳に焼き付いている。「はちみつレモン」もよく飲んだ。思春期の1990年代も、「モルツ」の和久井映見にドキッとさせられ、モルツ球団の「川藤出さんかい」「ほんまに出してどないすんねん」にクスッとさせられた。ここまでなら、同世代の誰しもが共有する記憶だろう。

　より身近なものになったのは、1997年に大阪大学に入学してからである。アルバイト先は最寄り駅のB級グルメ街・石橋を代表する居酒屋「とり竹」の「パートⅡ」で、ビールは「モルツ」だった。2000年だったか、北摂地域で売り上げがよかったため、アルバイトを含めた従業員全員をサントリーが招待し、桂のビール工場見学（もちろん試飲あり）と宴会の接待を受けた。4年生を迎えようとする頃、民間企業への就職は頭の片隅にもなく、企業の情報収集も一切しなかったが、知る限り同じ文学部から2名がサントリーの内定を得た。聞けばサントリーは阪大出身者を多く採用しているというが、2代目の社長が卒業生であるとは知らずにいた。佐治敬三の名を知ったのは、阪大が中之島センターという建物を建設し、そこに「佐治敬三メモリアルホール」というものが出来てからのことだった。

　より深まったのは、2012年に大阪大学総合学術博物館で開催した「ものづくり　上方"酒"ばなし」という展覧会を企画したことによる。時代は古代から現代まで、酒類は日本酒・焼酎からビール・ワイン・ウイスキーまで取り上げる、欲張った展示であった。ここで当然のごとくサントリーの歴史を学び、佐治敬三の事績を知り、同社広報部やOBの方と面識を持つことができた。

　2019年の佐治敬三生誕100周年記念展は、この経験を踏まえればそう難しくないと思っていた。いわば本陣である経営者・ブレンダーとしての敬三については、陣容を把握している。したがって、財界人・文化人という側面から仕掛けていけば切り崩せる。そう思っていた。しかしだ。側面と思っていた陣が幅広く分厚い。全貌を捉える術は見当たらないし、持ち合わせない。実はこちらが本陣で、完全に陣形を読み間違えていたことに気づいたのは、開幕まで半年と迫っていた頃であった。近くに対峙してみると、人間としてのスケールの大きさに、ただただ圧倒された。

　略伝として、この巨人の実像をどこまで描き切れたか、甚だ心許ない。しかし各個撃破とはいえないものの、正面から突入した各部隊の姿は幾分、明瞭になったのではないだろうか。ここに敬三を"百面相"として捉えようとした意義があると、ご理解いただきたい。

　さて本展ならびに本書の作成に当たっては、「協力者一覧」に記載した団体・個人のほか、大阪大学共創機構社学共創本部のスタッフ一同ならびに大阪大学出版会の栗原佐智子氏にご協力いただいたことに謝意を表したい。

　最後に、晩酌に興味津々の息子・昊大と、本書をアテに酒を酌み交わす日が来るまで、本書が広く末永く愛されることを切に願う。

　2019年10月29日

松永和浩

著　者

松永和浩（まつなが・かずひろ）

1978年、熊本県生まれ。博士（文学）。専門は日本中世史、酒史、大阪学。2008年、大阪大学大学院文学研究科博士後期課程単位修得退学。現在、大阪大学共創機構社学共創本部准教授。大阪大学適塾記念センター、同総合学術博物館、同アーカイブズ兼任教員。主な著書に、『室町・戦国期研究を読みなおす』（共著、思文閣出版、2007年）、『ものづくり　上方"酒"ばなし』（編著、大阪大学出版会、2012年）、『室町期公武関係と南北朝内乱』（単著、吉川弘文館、2013年）、『新版　緒方洪庵と適塾』（共編著、大阪大学出版会、2019年）がある。

〔コラム執筆者〕（五十音順）

大政健史（おおまさ・たけし）　大阪大学大学院工学研究科教授

金子嘉信（かねこ・よしのぶ）　大阪大学大学院工学研究科特任研究員

深瀬浩一（ふかせ・こういち）　大阪大学大学院理学研究科教授、サントリー生命科学財団理事

協力者一覧（団体・個人、五十音順）

池田市教育委員会　ACジャパン　大阪広告協会　大阪コミュニティ財団　大阪商工会議所
大阪青年会議所　岡本屋　関西・大阪21世紀協会　関西経済同友会　関西経済連合会
ケンショク「食」資料室　国立民族学博物館　サントリーバー露口　サントリーホールディングス株式会社
尚醸会　総合デザイナー協会（DAS）　日本YPO
伊木稔　井手良昭　上田貴之　緒方聡一郎　岡本勉　興津厚志　河合千香子　輿水精一　嶋谷幸雄
島本啓子　田中光彦　谷川稔　野村尚子　藤沢潤　細谷勘介　前波美由紀　桃井香子　柳謙三
吉積二三男

大阪大学総合学術博物館叢書　17

佐治敬三 "百面相" 大阪が生んだ稀代の経営者

2019年10月31日　　初版第1刷発行	［検印廃止］

　　　　著　者　松　永　和　浩

　　　　発行所　**大阪大学出版会**
　　　　　　　　代表者　三成賢次
　　　　　　　〒565-0871 大阪府吹田市山田丘2-7
　　　　　　　　　　　　大阪大学ウエストフロント
　　　　　　　電話　06-6877-1614
　　　　　　　FAX　06-6877-1617
　　　　　　　URL：http://www.osaka-up.or.jp

　　　　印刷所：㈱遊文舎

ⓒ K. Matsunaga 2019　　　　　　　　　　　　　　Printed in Japan
　　　　　ISBN 978-4-87259-527-7　　　C1323

JCOPY 〈出版者著作権管理機構 委託出版物〉

本書の無断複製は著作権法上での例外を除き禁じられています。複製される場合は、その都度事前に、出版者著作権管理機構（電話 03-5244-5088、FAX 03-5244-5089、e-mail：info@jcopy.or.jp）の許諾を得てください。

大阪大学総合学術博物館叢書について

大阪大学総合学術博物館は、二〇〇二年に設立されました。設置目的のひとつに、学内各部局に収集・保管されている標本資料類の一元的な保管整理と、その再活用が挙げられています。本叢書は、その目的にそって、データベース化や整理、再活用をすすめた学内標本資料類の公開と、それに基づく学内外の研究者の研究成果の公表のために刊行するものです。本叢書の出版が、阪大所蔵資料の学術的価値の向上に寄与することを願っています。

大阪大学総合学術博物館

大阪大学総合学術博物館叢書・既刊

◆1 扇のなかの中世都市──光円寺所蔵「月次風俗図扇面流し屏風」 泉 万里

◆2 武家屋敷の春と秋──萬徳寺所蔵「武家邸内図屏風」 泉 万里

◆3 城下町大坂──絵図・地図からみた武士の姿── 鳴海邦匡・大澤研一・小林 茂 編集

◆4 映画「大大阪観光」の世界──昭和12年のモダン都市── 橋爪節也

◆5 巨大絶滅動物 マチカネワニ化石 恐竜時代を生き延びた日本のワニたち 小林快次・江口太郎

◆6 東洋のマンチェスターから「大大阪」へ 経済でたどる近代大阪のあゆみ 阿部武司・沢井 実

◆7 森野旧薬園と松山本草──薬草のタイムカプセル── 高橋京子・森野嘉子

◆8 ものづくり 上方 〝酒〟ばなし──先駆・革新の系譜と大阪高等工業学校醸造科── 松永和浩

◆9 戦後大阪のアヴァンギャルド芸術──焼け跡から万博前夜まで── 橋爪節也・加藤瑞穂

◆10 野中古墳と「倭の五王」の時代 高橋照彦・中久保辰夫

◆11 漢方今昔物語──生薬国産化のキーテクノロジー── 髙橋京子・小山鐵夫

◆12 待兼山少年──大学と地域をアートでつなぐ〈記憶〉の実験室── 橋爪節也・横田 洋

◆13 懐徳堂の至宝──大阪の「美」と「学問」をたどる── 湯浅邦弘

◆14 ロボットからヒトを識る 河合祐司・浅田 稔

◆15 精神と光彩の画家 中村貞夫──揺籃期から世界四大文明を超えて── 橋爪節也・竹中哲也

◆16 鉱物──石への探求がもたらす文明と文化の発展── 石橋 隆・澤田 操・伊藤 謙